GRATIDÃO

Como gerar um sentimento incrível de satisfação em todos os seus clientes

Gary Vaynerchuk

tradução
Thereza Christina Rocque da Motta

lua de papel

THE THANK YOU ECONOMY
Copyright © Gary Vaynerchuk – 2011
Todos os direitos reservados.
Tradução para a língua portuguesa:
copyright © 2011, Texto Editores Ltda.

Direção editorial **Pascoal Soto**
Editor **Pedro Almeida**
Produção editorial **André Fonseca**
Tradução **Thereza Christina Rocque da Motta**
Preparação de texto **Jean Xavier**
Revisão **Bete Abreu e Alessandra Miranda de Sá**
Capa **Osmane Garcia Filho**
Diagramação **A2**
Imagem de capa **CSA Images/Getty Images**

Dados internacionais de catalogação na publicação (CIP)
(Câmara Brasileira do Livro, SP, Brasil)

Vaynerchuk, Gary
     Gratidão : a força que pode promover seus negócios a limites
incríveis / Gary Vaynerchuk ; tradução Thereza Christina Rocque da Motta.
-- São Paulo : Lua de Papel, 2011.

     Título original: The thank you economy
     Bibliografia
     ISBN 978-85-63066-73-2

     1. Administração de empresas 2. Branding (Marketing)
     3. Clientes - Contatos 4. Clientes - Satisfação 5. Marketing na
Internet 6. Mídia social I. Título.

11-08684   CDD-658.812

Índices para catálogo sistemático:
1. Clientes : Marketing de relacionamento :
Administração de empresas 658.812

TEXTO EDITORES LTDA.
[Uma editora do Grupo LeYa]
Rua Desembargador Paulo Passaláqua, 86
01248-010 – Pacaembu – São Paulo – SP
www.leya.com.br

*Para minha família e meus amigos, mas especialmente
para Lizzie e Misha, que são a minha razão de viver.*

Este "telefone" tem muitos defeitos para ser seriamente considerado um meio de comunicação.
– Memorando interno da Western Union, 1876

Uma caixa de som sem fio não tem nenhum valor comercial. Quem pagaria por uma mensagem dirigida a alguém que não se conhece?
– Um investidor em resposta a David Arnoff em uma pesquisa sobre o rádio, 1920

Enquanto teórica e tecnicamente a televisão pode ser considerada uma possibilidade, comercial e financeiramente é uma impossibilidade.
– Lee De Forest, pioneiro no ramo do rádio, 1926

Os visionários veem um futuro de funcionários se comunicando por meio de telecomunicações, bibliotecas interativas e salas de aula multimídia. Falam de reuniões virtuais e comunidades virtuais. O comércio e as empresas mudarão dos escritórios e edifícios para redes e modems. E a liberdade das redes digitais tornará o governo mais democrático. Que bobagem.
– Cliff Stoll, escritor, astrônomo e professor, 1995

Se eu tivesse ganhado um centavo cada vez que um investidor me dizia que a Amazon não daria certo...
– Jeff Bezos, fundador da Amazon

SUMÁRIO

Agradecimentos — xi
Prefácio — xiii

Parte I – Bem-vindo à Economia da Gratidão

1. Como tudo mudou, exceto a natureza humana — 3
2. Apagando pegadas na areia — 35
3. Por que as pessoas inteligentes ignoram a mídia social e por que não deveriam fazer isso — 41

Parte II – Como vencer

4. Partindo do começo: insemine a cultura certa — 71
5. O namoro perfeito: a mídia encontra o social — 89
6. A cavalo: como a Old Spice entrou no jogo e deixou a peteca cair — 95
7. Intenção: qualidade versus quantidade — 105
8. Surpreenda o cliente — 113

Parte III – A Economia da Gratidão em ação

9	Avaya: indo aonde o povo está	121
10	AJ Bombers: comunicando-se com a comunidade	125
11	Hotéis Joie de Vivre: dando atenção às grandes e às pequenas coisas	135
12	Irena Vaksman, cirurgiã-dentista: um pequeno ato explode nas mídias sociais	143
13	Hank Heyming: um exemplo de filosofia e intenção bem-apresentadas	151
	Conclusão	157

Parte IV – Trocando em miúdos

Mais pensamentos sobre... 165

Parte V – Como vencer na Economia da Gratidão – versão rápida

AGRADECIMENTOS

Muitas pessoas ajudaram a fazer este livro, mas quero agradecer especialmente a Debbie Stier, Stephanie Land e Marcus Krzastek. Os três são tão importantes para este livro quanto eu.

Também quero agradecer a todos da HarperBusiness, Vayner-Media, bem como às pessoas incríveis no Brooks Group e a todos os amigos que se dispuseram a fazer as leituras deste livro.

Muito obrigado à minha família e a todos os meus amigos pelo apoio, especialmente à minha mãe, Tamara, e a meu pai, Sasha, que estão sempre ao meu lado. Sem a coragem de papai, eu não estaria neste país maravilhoso, tampouco onde vivo hoje. Também agradeço muito à minha irmã, Elizabeth, que tem toda a minha admiração; meu irmão, AJ, o melhor amigo que já tive; minha esposa e minha filha, que dão sentido à minha vida; e minha avó, Esther, que eu tanto amo.

Também sou grato aos meus cunhados, Alex e Justin, que são sensacionais; minha cunhada, Sandy, que entrou há pouco para a família; e meus sogros, Anne e Peter, que valem ouro. Peter, espero que todos os seus amigos e colegas de trabalho leiam este livro.

Agradeço a Bobby Shifirn e a Brandon Warnke, amigos da vida inteira. A todos os que apoiam o que eu faço, que significam tudo para mim.

Agradeço novamente a Stephanie Land – a melhor *ghost-writer* do mundo. Eu simplesmente a adoro.

PREFÁCIO

Vivo a Economia da Gratidão desde um belo dia em 1995, quando um cliente entrou na loja de bebidas do meu pai e disse:

– Acabei de comprar uma garrafa de vinho Lindemans Chardonnay por 5,99 dólares, mas tenho um cupom que recebi de vocês pelo correio, que me dá um desconto para levá-la por 4,99 dólares. Você pode aceitá-lo? Eu tenho o recibo.

O gerente de plantão na loja naquele momento respondeu:
– Não.

Eu levantei a cabeça de onde estava ajoelhado tirando o pó das prateleiras e vi o homem arregalar os olhos antes de perguntar:

– Está falando sério?

– Não, não é isso – o gerente respondeu. – Na verdade, você precisa comprar mais algum produto para levá-lo por 4,99 dólares.

Quando o homem saiu, fui até o gerente e disse:

– Esse cara nunca mais vai voltar.

Eu estava errado sobre esse ponto: ele voltou. Voltou alguns meses depois para dizer que nunca mais compraria nada em nossa loja.

Convenhamos que eu não era melhor que esse gerente, nem era um banana no mundo empresarial. No entanto, embora fosse muito jovem e ainda tivesse muito a aprender, sabia dentro de mim que ele não havia feito a coisa certa. O gerente acreditou que estivesse protegendo a loja de um cliente que tentava tirar vantagem; tudo o que eu via, porém, era que havíamos perdido a chance de deixar um cliente satisfeito.

Não se enganem: sempre vi o trabalho como uma forma de construir um patrimônio e um modo de trazer felicidade às pessoas, mas sempre joguei para ganhar dinheiro, não apenas para fazer a alegria dos outros. Eu era o tipo de garoto que arrancava as flores do jardim de uma pessoa e as vendia ao seu dono. Meu impulso de agradar esse cliente não era meramente altruísta; um cliente satisfeito não tem preço. Na época eu me baseava na crença de que uma empresa se fortalece por intermédio do bom relacionamento com seus clientes, e o que esses clientes dizem sobre nós fora da empresa determinaria o nosso futuro.

Eu não escrevi *Gratidão: como gerar um sentimento incrível de satisfação em todos os seus clientes* para encorajar as empresas e marcas a serem mais legais com seus clientes, mas sim porque aquilo que eu acreditava ser verdade lá atrás está se tornando cada vez mais verdadeiro hoje. Sou uma pessoa intuitiva e foi por isso que eu sabia que deveria vender todos os meus cartões de beisebol e começar a colecionar brinquedos; por isso lancei a WineLibrary.com em 1997, quando ninguém colocaria uma loja de bebidas na internet; e foi por isso que decidi vender vinhos australianos e espanhóis em 1999, quando todos ainda buscavam os franceses, italianos e californianos. Eis por que eu sabia usar o Twitter desde o princípio, e que postar vídeos em blogs seria um grande negócio. E eis por que sei que estou certo agora.

Eu quero que as pessoas que gostam de abrir e gerir suas empresas tanto quanto eu – sejam grandes ou pequenos empresários, sejam funcionários de uma grande empresa – compreendam o que pessoas como eu veem – que entramos numa nova era em que desenvolver um forte relacionamento com os clientes é crucial para o sucesso de uma marca ou de uma empresa. Estamos fazendo a mesma coisa há muito tempo e sabemos que apenas realizar uma forte campanha de marketing já não é suficiente para fazer que os consumidores engulam as nossas mensagens publicitárias. Para causar impacto, é necessário criar uma interação emocional.

Da mesma maneira que uma comunicação aberta e honesta é a chave para um bom relacionamento interpessoal, ela é essencial para os relacionamentos de uma marca ou empresa com os seus clientes. A mídia social foi adotada porque a comunicação faz as pessoas felizes – e é isso que fazemos. Por isso esculpimos imagens nas pedras; por isso usamos sinais de fumaça; foi por isso que a tinta deu certo. E, se alguém criar um instrumento que nos permita a comunicação telepática, todos o adotaremos. Como as empresas se adaptarão à inovação eu não sei, mas elas com certeza se adaptarão, pelo menos aquelas que conheço.

Enquanto isso, empresas de todos os tipos e tamanhos precisam se empenhar para se comunicar com seus clientes e fazê-los felizes, não por causa das mudanças do futuro, mas porque o futuro já chegou. Imagine quantas pessoas mais saberiam que perdemos um cliente insatisfeito se aquele que não conseguiu usar o seu cupom de desconto na Wine Library naquela época tivesse um celular com Twitter e Facebook. Além disso, as mudanças que presenciamos são apenas as primeiras bolhas da ebulição que está por vir. O consumo via internet está apenas engatinhando – muitas pessoas que me leem neste momento conseguem se lembrar claramente do mundo antes da internet. As mudanças culturais conduzidas pela mídia social já causam grande impacto sobre as estratégias de marketing, mas, no fim, as empresas que quiserem competir terão de alterar sua abordagem em tudo, desde as práticas de contratação até os serviços ao consumidor e seus orçamentos. Não tudo de uma vez, é claro. Mas terá de acontecer, porque não há como frear a velocidade alucinante com que a tecnologia está nos forçando a entrar na Economia da Gratidão. Eu, por exemplo, penso que isso seja bom. Quando você terminar de ler este livro, espero que concorde comigo.

PARTE I

Bem-vindo à Economia da Gratidão

CAPÍTULO 1

Como tudo mudou, exceto a natureza humana

Lembre-se da última vez que alguém lhe fez um favor. Não quero dizer apenas abrir a porta para você; quero dizer algo como olhar os seus cachorros enquanto você passava o fim de semana fora ou dirigir quarenta minutos para buscá-lo no aeroporto. Como se sentiu depois disso? Grato, talvez extremamente sortudo por conhecer alguém que se dispusesse a ajudá-lo daquela maneira. Se tivesse a chance, com certeza retribuiria o favor. Talvez nem esperasse pela oportunidade – simplesmente faria alguma coisa para alegrá-lo e demonstrar-lhe sua gratidão de maneira espontânea. Muitos reconhecem que ter alguém desse tipo por perto é um presente – uma pessoa assim que não pode ser menosprezada.

De fato, nenhum relacionamento pode ser menosprezado. Eles são o sumo da vida, o ponto nevrálgico. O modo como cultivamos nossos relacionamentos em geral determina o tipo de vida que temos, e nas empresas não é diferente. Os negócios de verdade não são fechados em reuniões de diretoria, mas sim comendo bistecas em um bar-restaurante ou durante o intervalo de uma peça de teatro. Realizam-se por causa de um cumprimento caloroso, uma recomendação inesperada, ou ao oferecer uma carona de táxi em um dia chuvoso. Acontecem nas pequenas interações pessoais, as quais nos permitem provar um ao outro quem somos e no que acreditamos, momentos de franqueza que criam bons sentimentos e constroem a confiança e a lealdade. Agora imagine que poderíamos transportar essas interações e expandi-las a centenas, milhares ou até milhões de pessoas que formam a sua base de clientes, ou, melhor ainda, sua base de potenciais clientes. Muitos afirmariam que conseguir esse tipo de aumento seria impossível, e até cerca de cinco anos atrás eles estariam corretos. Hoje, no entanto, aumentar essas interações não apenas é possível – uma vez que se usem as ferramentas certas do modo adequado –, mas necessário. Na verdade, as empresas e marcas que se recusam a tentar podem colocar em risco todo o potencial de seu negócio e, a longo prazo, até sua existência.

Por quê? Porque, pensando bem, a única coisa que nunca mudará é a natureza humana. Se puderem escolher, as pessoas certamente passarão seu tempo próximas àqueles de que gostam. Se for conveniente e prático, elas também preferirão negociar e comprar mercadorias de pessoas das quais gostem. E hoje em dia elas podem fazer isso. A mídia social possibilitou aos consumidores interagir com as empresas de modo muitas vezes semelhante à maneira como interagem com seus amigos e familiares. Os pioneiros da tecnologia agarraram a chance de criar um canal de comunicação com as empresas e, à medida que o tempo passa, cada vez mais pessoas adotam essa ideia e seguem a tendência. Pode ser que você ainda não tenha conseguido ver os efeitos desse movimento, mas eu já. Tenho visto todo dia. Relações e conexões de confiança formadas por meio da mídia social estão se tornando rapidamente duas forças sutis e crescentes da nossa economia. É imperativo que marcas e empresas aprendam como utilizá-la de maneira autêntica e adequada para desenvolver relacionamentos diretos com sua base de clientes – não importa quão grande seja –, para que possam causar um impacto sobre o mercado não só hoje, mas também no futuro.

A mídia social é mais do que a mídia

Para o seu conhecimento, não gosto do termo "mídia social". É uma denominação equivocada que causou muita celeuma. Fez que administradores, marqueteiros, CEOs e CMOs pensassem que podem usar os sites de redes sociais para espalhar suas mensagens do mesmo modo que usavam as plataformas de mídia tradicional, como a imprensa, o rádio, a televisão ou os cartazes, esperando resultados e retornos semelhantes. Mas o que chamamos de mídia social não é mídia, nem mesmo uma plataforma. É uma mudança cultural massiva que afetou profundamente o modo como a sociedade usa a maior plataforma já inventada, a internet. Infelizmente, quando o mundo empresarial pensa em marketing por meio dos sites das redes sociais, como YouTube, Facebook, Twitter, Foursquare e DailyBooth, está pensando em usar a mídia social; sendo assim, esse será o termo que usarei também.

A grande notícia está no olho de quem vê

Finalmente, um modo de realmente entrar em contato com seus clientes, uma oportunidade de saber o que eles querem, o que eles pensam, o que aconteceu, como o produto foi usado, ou como não pôde ser usado! Afinal, uma chance de criar campanhas pessoais e criativas que fazem mais do que empurrar a mensagem goela abaixo dos clientes. Don Draper teria dado em troca de uma garrafa de uísque, feliz da vida, se alguém tivesse dito a ele que sua agência não teria mais de percorrer grupos de pesquisa para descobrir o que os consumidores queriam. Pense em todo o dinheiro que os gerentes de marcas teriam economizado ao longo de décadas em testes de marketing ou outras técnicas clássicas de pesquisa que, em todos esses anos, não ajudaram muito no que diz respeito ao risco de implementação de um novo produto, estimado de 60 por cento a 90 por cento; eles olhariam torto para o marketing das mídias sociais de hoje, céticos por não reconhecer uma grande notícia ao ouvi-la. Todavia, o mais impressionante é que muita gente não quer ouvir. Se for verdade que o relacionamento direto está se tornando rapidamente um dos mais importantes modos de se alcançar os clientes, significa que um grande número de empresas terá de passar por uma transformação cultural completa para continuar sendo competitiva. Esse é um pensamento que a maioria dos executivos terá de alcançar com tanto entusiasmo quanto teria Dwyane Wade se de uma hora para outra tivesse de encarar que o basquete havia morrido e o hóquei no gelo fosse a única modalidade esportiva sobrevivente.[1] Contudo, devemos nos lembrar de que há pouco tempo as pessoas possuíam computadores apenas para utilizar o processador de texto e se divertir com alguns jogos. Em 1984, levava-se um fora por se gabar de seu novo Apple Macintosh; já em 2007, conseguia-se marcar um encontro sensual ao exibir o seu novo iPhone. A cultura muda, e as empresas precisam mudar com ela, ou morrerão.

Por que eu falo em termos absolutos?
Porque, se eu lhe der um centímetro, você correrá um quilômetro com ele. Quando eu disse, em 1998: "Se não colocar sua empresa na internet e ingressar no comércio eletrônico, você está morto", era verdade? Não. Mas, rapaz, você consegue imaginar o ingresso no mercado atual sem ter um site na internet? Prefiro chocá-lo para que preste atenção e admita mais tarde que as empresas raramente precisam de uma estratégia do tudo ou nada do que arriscar que você não me leve a sério agora.

Infelizmente, muitos líderes de empresa e profissionais de marketing não veem as mudanças. (Nem as iminentes. Nem as próximas. Tampouco as que já aconteceram.) Eles olham para os negócios feitos por Twitter, Facebook, myYearbook e Foursquare e dizem com desdém: "Prove".

Pois não. Neste livro, você lerá sobre uma lista de grandes e pequenas empresas, de todo tipo de indústria, que se orgulham em dizer como aumentaram sua receita alavancando os relacionamentos por intermédio da mídia social. Vistos como um todo, esses exemplos oferecem provas irrefutáveis de que há ganho financeiro para empresas de qualquer porte que desejam abrir linhas

---

1. Nos primeiros esboços deste livro eu me referia a LeBron James, mas, como os fãs de esporte bem sabem... as coisas mudam.

de comunicação com os clientes e comercializar com eles de maneira pessoal e atenciosa, de modo a fazê-los se sentirem valorizados. Não há razão pela qual uma empresa não possa se esforçar dessa maneira e conseguir resultados semelhantes, pois a mídia social torna a internet um campo de jogo aberto e igualitário, em que não há limites para divulgar nossa mensagem ou marca, a não ser aqueles que impomos a nós mesmos.

O segredo para o sucesso dessas empresas advém do fato de que, em algum momento, descobriram como colocar em prática uma série de ideias, que quero explicar neste livro:

- Os passos necessários para se criar uma filosofia empresarial poderosa e duradoura.
- Como recriar a informação perfeita ao desenvolver suas estratégias de divulgação tradicionais e voltadas para as mídias sociais.
- Usar boas intenções para colocar tudo em ação.
- Causar impacto sobre seus clientes sem investir muito dinheiro, apenas com bastante doação pessoal.

Além disso, não tiveram medo nem se detiveram diante das argumentações de muitos líderes para desprezar a eficácia da mídia social. Neste livro, derrubarei os argumentos mais comuns e explicarei por que eles não procedem.

As expectativas dos consumidores estão mudando drasticamente, e a mídia social mudou tudo sobre como as empresas devem – DEVEM – se relacionar com seus clientes. A partir de hoje, o relacionamento entre empresa e cliente parecerá muito diferente do modo como parecia até pouco tempo atrás.

O x da questão

Como as pessoas decidem que elas se gostam? Elas conversam, trocam ideias, ouvem o que a outra tem a dizer, e, por fim, forma-se um relacionamento. O processo para construir relacionamentos com os clientes não é diferente. Se as intenções da sua empresa transcendem o simples fato de vender um produto ou serviço e se esta possui coragem suficiente para expor a sua alma, as pessoas corresponderão. Elas se conectarão, gostarão de você, falarão e comprarão.

Uma pesquisa entre pais que estavam se preparando para a temporada de compras de volta à escola em 2010 apurou que 30 por cento deles esperavam que a rede social afetasse suas compras; outra pesquisa, realizada no início de dezembro de 2009, revelou que 28 por cento das pessoas responderam que a decisão com relação às suas compras foi afetada pela rede social, 6 por cento admitiram serem influenciadas pelo status de um amigo no Facebook sobre um produto e 3 por cento foram influenciadas pelo tuíte de um amigo. Quando estiver lendo este livro, as porcentagens serão muito maiores do que essas. Cada vez mais, as pessoas estão fazendo negócios e tomando decisões de consumo com base no que elas veem que é dito nas plataformas de mídia social. O fato é que ninguém fala sobre algo pelo qual não se interessam. Então, cabe a você fazer com que elas se interessem, o que significa que terá de se interessar antes do que elas.

Quando comecei a usar o Twitter, eu não tinha um reconhecimento de marca e ninguém me conhecia. Para construir minha marca, comecei criando conversas sobre o meu assunto preferido: vinho. Usei o Twitter Search (que na época se chamava Summize.com) para encontrar referências sobre Chardonnay. Vi que as pessoas faziam perguntas e então comecei a respondê-las. Não coloquei um link para WineLibrary.com nem disse que eu vendia Chardonnay. Se elas diziam que bebiam Merlot, eu lhes dava a minha indicação de Merlot, mas não dizia que elas poderiam comprar Merlot no meu site. Decidi não atacar muito cedo, contendo minha ansiedade adolescente; resolvi investir no relacionamento primeiro. No fim, começaram a notar os meus comentários e pensar: "Puxa, esse é aquele Vaynerchuk; ele conhece Chardonnay. Legal, ele tem uma página sobre vinhos – vamos dar uma olhada. Olha só, ele é engraçado. Eu gosto dele; eu confio nele. E que barato: ele vende vinho também. Frete gratuito? Vamos experimentar uma garrafa deste aqui..." Esse é o resultado de se importar primeiro – e não querer vender primeiro –, e foi assim que construí a minha marca.

É isso que quero dizer sobre abrir o coração da sua empresa. Há um limite para diminuir o preço; há um máximo de excelência que você pode obter com seu produto ou serviço; há um limite no aumento do orçamento de marketing. Todavia, seu coração é infinito. Talvez não pareça realista esperar que qualquer pessoa seja tão emocional quando o assunto é negócios, mas, convenhamos, quem se imaginaria montando uma fazenda virtual há três anos? Enquanto isso, havia 85 milhões de pessoas jogando no auge da febre de Farmville.

Hoje percebo que a sua realidade não é infinita; criar relacionamentos individuais e contratar empregados para ajudá-lo custa tempo e dinheiro. Mas, neste livro, demonstrarei que, quando se gasta dinheiro em mídia social, não se investe exatamente em uma plataforma – investe-se em uma cultura e em consumidores que, no final das contas, poderão se tornar seus representantes. Examinaremos o retorno de investimento e conversaremos sobre como fazer cada centavo investido valer a pena. Em condições ideais, no entanto, seu objetivo deveria ser "Não perder nenhuma interação", porque o que mais dá retorno é mostrar às pessoas que você se importa com elas, com a opinião que elas têm de você e também com o trabalho delas.

Não é tão falso quanto parece. De fato, é exatamente assim que o mundo empresarial costumava ser antes. Acredito que estamos vivendo o princípio de uma grande mudança cultural, a qual está nos trazendo novamente um círculo completo, e que o mundo onde vivemos e trabalhamos hoje funciona de um modo muito semelhante ao dos nossos bisavós. A mídia social transformou nosso mundo em uma grande cidade pequena, dominada, como todas as pequenas cidades costumavam ser, pela força dos relacionamentos, pela troca de atenções e pelo poder do boca a boca. Para ter sucesso hoje e no futuro, é imperativo que lembremos o que funcionava no passado.

Quando a atenção significava negócio

Se tiver a sorte de passar algum tempo conversando com alguém de 80 ou 90 anos de idade, que conserve seu senso e sua memória intactos, você o ouvirá dizer como o mundo mudou desde quando era jovem. A maioria das pessoas idosas consegue identificar muitas formas como o mundo mudou para melhor, mas em geral expressam mais do que um saudosismo de uma época em que as coisas se moviam mais lentamente, quando todos conheciam seus vizinhos, e quando conhecidos e desconhecidos tratavam-se com cortesia e respeito (mesmo que não sentissem genuína vontade de fazê-lo). Elas também se lembrarão de como os vendedores locais faziam questão de conhecer todos pelo nome e fazê-los se sentir em casa ao entrar na loja. É óbvio que sim. Se você vivesse em uma cidade pequena ou em uma comunidade de bairro de uma grande cidade, seria perfeitamente possível que os gerentes e donos de lojas o conhecessem desde que nasceu.

Antigamente, não havia necessidade de encorajar as pessoas a fazer compras em lojas locais, pois, na maioria das vezes, era tudo o que havia. Se sua mãe comprasse carne no açougue do Bob, você teria de comprar carne lá também. O açougueiro Bob conhecia sua família, seus gostos e suas preferências, e sabia que no inverno ele deveria reservar toda semana um pedaço de toucinho para você temperar o seu panelão de sopa de ervilha. A maneira como Bob o tratava quando entrava no açougue dele era tão importante quanto a qualidade da sua carne moída. Não era o fato de ter de caminhar apenas três quarteirões para ver o que o concorrente Bill tinha em oferta. O fato era que, se não estivesse satisfeito com o serviço prestado – se, por exemplo, Bob se recusasse a reembolsá-lo pela carne moída que não estava tão fresca quanto deveria –, você expressaria sua indignação na reunião do sindicato ou no clube de campo. Isso seria o pior dos pesadelos para Bob, se os membros do sindicato ou os sócios do clube de campo representassem boa parte de sua clientela. Perder um cliente insatisfeito poderia significar perder mais dez que fossem amigos e parentes deste. Nas pequenas e coesas comunidades de antigamente, dez pessoas correspondiam a um bocado de receita. As empresas existiam ou fechavam pelo que era dito por meio do boca a boca e pela influência que um exercia sobre o outro. Isso significava que cada pessoa que entrasse pela porta da loja tinha de se sentir importante. A menos que fosse a única loja do gênero na cidade, o açougueiro, o padeiro, o fabricante de velas – qualquer comerciante – tinha de ser amigável, hospitaleiro e, quando necessário, tão simpático quanto o concorrente, senão mais.

Esse era um tempo em que as empresas permaneciam nas famílias por várias gerações. Em geral, as empresas não eram apenas uma maneira de ganhar dinheiro; era algo com que os proprietários e gerentes se identificavam pessoalmente e do qual se orgulhavam. Quando a empresa era nova, os administradores cuidavam dela como se suas vidas dependessem daquilo, porque, de fato, dependiam. O negócio era sua passagem para o sonho americano. Isso era o que garantiria o futuro de seus filhos. Estariam ali por toda a vida; aquele seria seu legado. E, no final, quando se aposentassem, provavelmente ainda viveriam entre aqueles a quem haviam prestado serviços, ou vendido, ou negociado por muitos anos. Seus clientes não eram apenas portadores de carteiras cheias de dinheiro; eram amigos e vizinhos, por isso os donos de empresa se importavam – e muito – com seus clientes.

O boca a boca perde a força

O mundo que nossos avós e bisavós conheceram, aquele em que os relacionamentos e o boca a boca poderiam causar impacto direto sobre a reputação pessoal ou profissional de um indivíduo e determinar o sucesso ou fracasso de uma empresa, começou a se desintegrar por volta da época em que pessoas simples, como o açougueiro Bob, compraram o seu primeiro carro, entre o final da década de 1920 e o *boom* após a Segunda Guerra Mundial. Por volta da metade do século passado, as forças sociais e econômicas convergiram, e as pessoas começaram a aproveitar os carros que compraram e as novas estradas construídas para se mudarem para o subúrbio. Com o passar do tempo, os americanos começaram a ir ainda mais longe, para fora das cidades. O interior do país começou a ficar lotado de estacionamentos e de shoppings comerciais alinhados um atrás do outro para atender àquela sociedade emergente. Para muitos, o sinal de ter chegado lá era ter conseguido se distanciar ao máximo de todos, de preferência colocando um portão na frente.

Essas décadas que colocaram uma distância maior entre amigos, parentes e vizinhos coincidiram com a rápida ascensão das grandes empresas.

O açougueiro Bob aposentou-se a tempo de evitar ser esmagado pela recém-formada rede de supermercados Safeway, que acabaria por incluir mais de duas mil lojas por todo o país. Se a empresa tivesse tratado a vovó como uma rainha, mesmo que ela estivesse comprando apenas um chapéu de dois dólares, teria crescido e prosperado, e provavelmente uma corporação a engoliria. Por fim, a sua razão de ser tornou-se menos atender às senhoras com as novidades da moda ou construir um legado, e mais satisfazer lucros trimestrais e aumentar as opções de estoque. A priorização do lucro sobre esses princípios rapidamente tomou conta da cultura corporativa americana e acabou moldando a visão de todos os níveis de muitos dos dirigentes de empresas atuais. A maioria nunca conheceu outro modo de fazer negócio. Apenas joga como lhes foi ensinado.

Se não se importar, ninguém mais se importará

O que aconteceu depois é quase perdoável. Quase. Afinal, os consumidores pareciam ter rejeitado os valores do velho mundo e abandonado as empresas das pequenas cidades ou comunidades. Além disso, após várias rupturas sociais e culturais, a educação sofreu uma queda abrupta. Chegou o tempo de descartar as formalidades desnecessárias a que a sociedade estava há muito atrelada, mas a educação – a verdadeira educação – indica que nos importamos com os sentimentos dos outros, e com o que vivem perto de nós. Foi como se as grandes empresas tivessem olhado ao redor, observado as regras sociais mais relaxadas, e pensassem: "Bem, se eles não se importam, nós também não". Se as pessoas esperavam pouco, era exatamente isso que iriam receber.

As empresas começaram a descartar tudo o que não aumentasse imediata e diretamente a sua receita. Não se tratava apenas de substituir os chapéus por modelos mais baratos e mais modernos; tampouco significou diminuir gradualmente os bônus extras que faziam o cliente se sentir bem tratado. Significou acabar com qualquer coisa que demonstrasse que a empresa se importava com o cliente. Os supermercados deixaram de contratar adolescentes que empacotavam as mercadorias e as levavam até o carro. Os frentistas de postos de gasolina desapareceram, exceto em Nova Jersey e no Oregon. E, se quisesse falar com uma empresa sobre seu produto ou serviço, você apertaria o número 1 para dizer seu nome, 2 para fazer um pedido, 3 para mais opções, ou a tecla estrela para voltar ao menu principal. No período de transição da década de 1980 para a década de 1990, quando as empresas passaram a confiar cada vez mais nos centros de atendimento automatizados, fomos conduzidos à Idade das Trevas dos serviços ao consumidor.

Todos compreenderam e reclamaram, mas não havia nada que pudessem fazer. Alguns até acreditaram na mentira inventada pela empresa de que a eliminação das vantagens desnecessárias, dispendiosas, e das regalias oferecidas aos clientes – como o privilégio de falar com um ser humano – foi o que tornou possível manter os preços baixos. Adoramos falar com você, mas o seu lucro é o nosso prejuízo. Aproveite as ofertas!

A internet apenas piorou tudo. Suas qualidades globalizantes fizeram que nos sentíssemos ainda mais isolados. Agora nem precisamos mais ir ao shopping para fazer compras ou ao cinema para assistir a um filme. Não importava onde vivíamos, pois com um simples clique do mouse podíamos comprar o mundo – ou melhor, o mundo como gostaríamos de vê-lo, com uma seleção de entretenimento, política e mídia escolhida a dedo para atender a nossos gostos individuais – diretamente para nós, sem termos de falar com outro ser humano. Poderíamos fazer compras de supermercado mensais on-line sem precisar sair de casa. Poderíamos tranquilamente fundar uma comunidade de apenas uma pessoa.

Para as empresas, nosso caso de amor com a internet era um presente dos deuses. Os pioneiros da internet lucraram explosivamente, e os mercados-alvo das empresas expandiram-se de modo exponencial. Estas podiam agora apontar com orgulho os seus sites e assegurar a seus clientes que as linhas de comunicação jamais se fechariam. Teoricamente, o site fez que as empresas estivessem disponíveis 24 horas por dia, sete dias da semana. Na realidade, com poucas exceções, esses sites corporativos aproximaram-se da ideia de prestar um serviço sem prestar nenhum. Na verdade, isso permitiu às empresas não ter de lidar com o cliente diretamente. Agora as pessoas podiam gastar ainda mais tempo clicando nos sites em um esforço infrutífero para encontrar um número de telefone ou o nome de alguém com quem pudessem falar. Quando tudo o que havia disponível era um endereço de e-mail, eles podiam enviar uma pergunta, fazer uma reclamação ou um comentário e mandá-los para o éter, e esperar sabe Deus quanto tempo até receber uma resposta totalmente formal, superficial e inútil. No caso de descobrirem um número de telefone, gastavam milhões, talvez bilhões de horas por ano esperando ser atendidos, ou sendo transferidos de um atendente cada vez mais inócuo para outro. Enquanto as empresas terceirizavam o atendimento ao consumidor, os clientes lutavam para ser atendidos e compreendidos por pessoas estranhas ao processo. Eles se irritavam, mas, como sempre, não havia nada que pudessem fazer.

As empresas não tinham nada a temer. Sua clientela não estava mais no raio de alcance de dez ou até 25 quilômetros de distância – estava espalhada por todo o país e, em alguns casos, pelo mundo inteiro. E daí que alguém tivesse alguma reclamação a fazer? Ou centenas delas? Quantas pessoas, na verdade, gastariam seu tempo para encontrar sites como Paypalsucks.com, lê-los, postar mensagens neles e contar aos amigos? Quantos amigos eles atingiriam de algum modo? Simplesmente não valeria a pena, nem o dinheiro gasto, nem o esforço de lidar com cada cliente, satisfeito ou não, além de lhes devotar um pouco de paciência. O retorno sobre investimento (do inglês *return on investiment* – ROI) não justificava agir de qualquer outro modo.

O modo de vida das pequenas é levado para a internet

Então, por volta de 2003, no meio desse mundo *high-tech*, digital e impessoal, um novo trem começou a percorrer os trilhos da internet. Não se parecia em nada com os trens em que nossas bisavós andavam, mas, apesar de toda a sua modernidade digital, essencialmente diminuiu as distâncias criadas após quase um século de uma cultura automobilística, de terras baratas e de tecnologia. Muitos de nós ainda viviam longe uns dos outros, mas estávamos a ponto de ser conectados como se vivêssemos em uma pequena cidade.

O trem chamava-se Web 2.0, hoje conhecido como mídia social. Ele percorria os trilhos da internet a uma velocidade avassaladora, sendo cada vagão uma poderosa plataforma projetada para fazer as pessoas conversarem novamente. A internet silenciosa, anônima e reservada de repente tornou-se um imenso bate-papo pessoal e revelador. O modo de vida das pequenas cidades estava on-line à medida que todos queriam saber as novidades dos seus conhecidos. Nosso acesso matutino às mídias sociais para verificar o que todo mundo estava fazendo tornou-se o equivalente da antiga caminhada matutina até a lanchonete para comer panquecas no café da manhã. Acessamos o Facebook e comentamos sobre a foto dos novos sapatos de uma amiga (que, só de olhar, sabemos que são da grife Kate Spades e que foram comprados na Nordstrom's, porque ela informou isso na atualização de seu status), do mesmo modo que poderíamos ter comentado: "Você está ótima com esse chapéu, Margie", ao passar por ela na rua. Clicamos em "curtir" ao ver a atualização de status do nosso amigo anunciando a formatura do filho na faculdade do mesmo modo que assentiríamos com prazer ao ver que o pequeno Timmy conseguiu a sua tão desejada *scooter*. Tuitamos um artigo e o acompanhamos xingando os dirigentes municipais que ferraram outro projeto de obras públicas com a mesma energia com que vociferaríamos diante de um jornal para manifestar nossa frustração a todos que estivessem sentados ao lado no balcão da lanchonete lendo jornal, bebericando café – preto – e mastigando um sonho.

A mídia social permitiu-nos ficar muito mais atentos do que antes aos detalhes da vida de outras pessoas, ao que está acontecendo e ao que as pessoas pensam ou fazem. Na década de 1940, sabíamos como andava o projeto de colocação do novo papel de parede do vizinho ou a construção do modelo de um navio no ponto de ônibus ou nas idas ao supermercado. Em 1990, não saberíamos nada disso. E, em 2010, não apenas sabemos sobre eles, como vemos fotos e vídeos falando sobre o andamento e temos acesso a informações sobre os revendedores e os fornecedores de serviços envolvidos no processo. No início, muita gente viu a banalidade dos tópicos que circulavam e considerou quem iria se importar com o fato de que Jeff havia encontrado meio pacote de Snickers na despensa em Boulder, ou que Liz estava correndo na praia de Miami com seus novos tênis Puma. Mas todo mundo se importou. A sociedade agarrou a chance de recriar as trocas normais de novidades e pensamentos pessoais que costumavam ser o assunto principal daquelas comunidades menores baseadas em relacionamentos diretos.

Uma mudança poderosa e completa

Mesmo assim, a maioria das empresas, com exceção de alguns empresários mais ambiciosos, não viu o lado positivo de pegar esse trem. Que vantagem elas teriam para embarcar nessa? Muitos dirigentes de empresas não viram – e muitos ainda não veem, mesmo hoje – que o jogo que todos aprenderam a jogar havia mudado. (Essas mudanças serão ainda maiores em cinco anos!) Ao permitir diálogos e aumento de relacionamentos diariamente e gratuito entre pessoas que vivem a uma distância tão grande – como as cidades de Des Moines, em Iowa, nos Estados Unidos, e Osaka, no Japão, que nunca se encontrarão pessoalmente –, a mídia social representa uma mudança gigantesca para os consumidores, que têm hoje um contato diário direto maior com outros consumidores do que em qualquer outro período da história. Mais contato significa compartilhar mais informações, mais fofocas, mais trocas, mais engajamento – resumindo, mais boca a boca. Agora, o amigo de Jeff que mora do outro lado do país, o qual ele não vê há seis anos e que usa seu DVR desde 2003, verá a mensagem de Jeff sobre o meio pacote de Snickers, se lembrará do quanto ele gosta dessa guloseima e pegará um enquanto espera na fila do supermercado naquela tarde. Essa é uma possibilidade que a nossa bisavó jamais teria imaginado.

Como o novo boca a boca é diferente

O boca a boca está de volta. Quando a sociedade cortou os laços pessoais e profissionais que existiam nas antigas e pequenas comunidades, as pessoas se espalharam como formigas na mesa de piquenique – muito ocupadas e fortes, mas afastadas demais para trabalhar em grupo. Agora, a internet amadureceu de tal maneira que a força da mídia social permite que todas as formigas se reúnam debaixo da mesa e possam virá-la, se quiserem. Qualquer empresário que não veja as consequências do potencial desse boca a boca está com os olhos fechados. Por exemplo, mesmo que Marta não se interesse tanto por agricultura ou por alimentos transgênicos, o fato de seu amigo que mora em Hamburgo, na Alemanha, se interessar poderá ser suficiente para fazê-la prestar atenção ao ver uma mensagem em uma rede social, em um microblog (por exemplo, Twitter, Posterous, Tumblr), sobre as atividades de uma empresa chamada Monsanto. Talvez ela leia o link anexo e comece a formar sua opinião, enviando a mensagem pela rede social ou pelo Twitter, para que seus duzentos amigos vejam por que ela formou essa opinião. Depois ela aprecia a conversa acalorada que se inicia entre as 25 pessoas que respondem à sua mensagem. Dessas 25, 18 reenviam e retuítam o artigo original para seus amigos juntamente com uma mensagem pessoal anexa.

De acordo com o Facebook, a partir de 2010, o usuário possuía em média 130 amigos; já o usuário médio do Twitter tinha 300 seguidores, que somados resultam potencialmente em 7.740 pessoas que, de repente, podem ver a mensagem sobre a Monsanto. Isso sem contar as 175 pessoas que viram a primeira mensagem de Marta, mas não responderam. Algumas viram, outras não. Mas, entre aquelas que a viram, quem sabe quantas repassaram a mensagem, mesmo sem dizer nada, a outras que poderiam, por sua vez, terem-na reenviado? Calcule quantos milhares de pessoas isso representa. E muitas o fizeram imediatamente de seus smartphones, que as acompanham para todos os lugares. Não há mais intervalo entre o momento em que alguém ouve, lê ou vê alguma coisa e o momento em que essa pessoa chega a um computador e dispara um e-mail para uma dúzia de amigos. Notícias e informações que sempre voaram, fossem transmitidas em antigas pequenas comunidades de porta em porta ou de janela em janela, ou em comunidades maiores de balcão em balcão, saídas de incêndio, telefone ou e-mail, agora atravessam o mundo em tempo real. A diferença fundamental entre a divulgação da informação e da opinião naquela época e agora, no entanto, é que os destinatários importam-se cada vez mais com quem lhes envia a informação. Intermediários, eruditos e porta-vozes quase não possuem mais o monopólio sobre a divulgação mundial de uma marca ou da mensagem de uma empresa.

Há alguns meses eu estava na Best Buy e observei quando um adolescente usou sua página no Facebook para pedir indicações sobre um jogo de Nintendo Wii. Ele obteve uma resposta imediatamente e, então, decidiu o que compraria. Indicações e buscas dentro de um contexto social é o futuro. Alguém se surpreende com o fato de eu não falar de outra coisa a não ser do potencial a longo prazo da otimização de mecanismos de busca (SEO – *search engine optimization*)?

Falamos mais apaixonadamente sobre o que nos importa do que sobre aquilo a respeito de que não temos uma opinião definida. Ouvimos mais atentamente pessoas de quem gostamos do que aqueles que desconhecemos. E hoje falamos e ouvimos um número incalculável de pessoas, e nossas opiniões e decisões de compra são afetadas e influenciadas mesmo que estivermos apenas olhando a loja, avaliando as nossas opções.

As empresas que não sabem ou não querem entrar no fluxo da conversa verão seus balancetes despencarem e perderão muitos pontos na bolsa de valores. Esse é o melhor exemplo. O pior será ter de fechar as portas em breve.

Poder ao povo

Finalmente, diante de um mau serviço, políticas injustas da empresa ou simplesmente indiferença, há uma coisa que pode ser feita. Hoje em dia, se os clientes têm uma queixa que não conseguem resolver pelos canais tradicionais, mandam uma mensagem ou tuítam essa frustração, que pode ser passada adiante para sempre. De repente, todo mundo que já teve um problema com uma empresa pode comparar as anotações, entrar no embalo e criar animosidade suficiente pelo boca a boca para armar um verdadeiro pesadelo de RP. A AT&T conhece bem essa sensação. Giorgio Galante, que resolveu acabar com a AT&T em seu blog chamado *Até Breve e Obrigado por Tudo* (que não está mais ativo), escreveu dois e-mails para o CEO da AT&T, Randall Stephenson.

O primeiro foi escrito depois que os funcionários do setor de atendimento ao cliente da empresa foram incapazes de autorizar o seu pedido de antecipar um upgrade em seu iPhone; o segundo foi para expressar sua insatisfação com os índices de informação da AT&T. Em resposta, Galante recebeu uma mensagem de voz de alguém da Equipe Executiva de Respostas da AT&T, ameaçando-o de processo judicial se ele tentasse entrar em contato com o CEO novamente. Ele enfim recebeu (e aceitou) um pedido de desculpas do vice-presidente sênior da empresa, mas a essa altura o dano já estava feito – a história havia se espalhado por toda a internet, e até a CNN havia tentado entrevistá-lo (um pedido que ele recusou). Quantas pessoas que seguiam Galante decidiram naquele momento que no mesmo instante em que a Verizon estivesse disponível no iPhone eles mudariam, ou, então, que seu aparelho com sistema operacional Android talvez não fosse tão ruim assim? Pessoas demais para o gosto da AT&T, com certeza.

Este exemplo reflete perfeitamente a magnitude do boca a boca. Há cinco anos, a insatisfação desse cliente não teria importância. Ele teria se queixado a quatro pessoas. E daí? Talvez, se tivesse influência, ele poderia ter contado a alguém da diretoria de sua empresa, que poderia ter mencionado o caso a um amigo jornalista, o qual, por sua vez, poderia ter escrito um artigo sobre o assunto e forçado a empresa a levar a reclamação a sério. Mas isso teria sido uma exceção. Apenas uma em um milhão de reclamações sobre uma empresa acabava sendo publicada em um jornal. Se houvesse um lado picante, as chances seriam de dez milhões para um de um jornal publicá-la, como no caso de Mona Shaw, que ganhou fama ao invadir o escritório da Comcast e arrebentar o computador de um atendente do serviço ao consumidor com um martelo. E agora? Você não precisa ter um lado picante na sua história. Apenas precisa falar sobre o que aconteceu com você, e todo mundo que conhece dará opinião, como seus amigos no sindicato ou no clube de campo teriam opinado se tivesse lhes contado sobre o seu inconformismo com as atitudes desonestas do açougueiro Bob. A história acaba caminhando sozinha para centenas de blogs de formadores de opinião e, de repente, a AT&T acaba tendo uma grande dor de cabeça.

Tudo mudou. Antes fazia sentido, em termos financeiros, para uma grande empresa simplesmente ignorar os chatos e reclamões. Agora, os consumidores insatisfeitos e desapontados têm o poder de fazer as empresas sentirem a sua ferroada. Que pena que seja esse o caminho para que alguns executivos levem a mídia social a sério! Significa que a usam apenas para reagir ao prejuízo potencial que poderá atingir sua empresa. Há um benefício incalculável, no entanto, especialmente quando as empresas a usam de maneira proativa. A mídia social é uma grande ferramenta para apagar incêndios, mas é ainda melhor para construir os rendimentos de uma marca e o relacionamento com os seus clientes. Uma vez que você deixa de encará-la como um modo para calar a boca dos consumidores e começa a vê-la como uma ferramenta para encorajar os clientes a se manifestar, e também para falar com eles, um mundo de oportunidades para marcas e marketing se abre.

A Economia da Gratidão

No fundo, a mídia social requer que os líderes empresariais passem a pensar como donos de lojas em cidades pequenas. Eles precisarão ter uma visão de longo prazo e parar de usar os parâmetros de curto prazo para medir seu progresso. Terão de deixar que a personalidade, o coração e a alma dos que gerenciam todos os níveis da empresa se manifestem, bem como terão de fazer o melhor que puderem para moldar o boca a boca que circula sobre eles, tratando cada cliente como o mais importante no mundo. Resumindo: terão de reaprender e empregar a ética e a capacidade que as antigas gerações tinham de sobra, e que muitos de nossos bisavós usaram para construir as próprias empresas. Estamos vivendo o que gosto de chamar de "Economia da Gratidão", porque apenas as empresas que conseguem agir à moda antiga – e de maneira autêntica – terão chance de se manter competitivas.

Perceba que digo que isso deverá ser feito de maneira autêntica. Vivo ligado como um CEO e me importo um bocado com os rendimentos da empresa, mas me importo muito mais com meus clientes. Essa sempre foi a minha vantagem competitiva. Eu faço negócios do mesmo modo como dou uma palestra – comporto-me assim independentemente de ter uma plateia de dez ou dez mil pessoas. Todo mundo importa, e eu faço o melhor por cada um. Muitas vezes, nos referimos a quem trabalha bem como "um verdadeiro profissional". Tento ser um bom profissional o tempo todo e exijo que todos aqueles que eu contratei ou que trabalham comigo tentem ser assim também, pois todos os meus funcionários precisam se importar tanto quanto eu. De que maneira você acha que consigo vender mais que a Costco na minha cidade e a Wine.com em todo o país? Comecei metendo a cara, é claro. Sempre digo que o verdadeiro sucesso da Wine Library não veio dos vídeos que postei, mas das horas que passei conversando on-line depois disso, fazendo conexões e relacionamentos. Eu poderia ter me esforçado e falado com um milhão de pessoas por dia sobre vinho, porém, se eu ou qualquer um dos que representam a Wine Library parecesse grosseiro ou mal-educado, a empresa não seria o que é hoje. Nunca se deve subestimar a percepção das pessoas, pois elas conseguem desvendar uma tática burocrática e sem alma a um milhão de quilômetros de distância. A falta de sensibilidade é a grande razão por que tantas empresas que começaram a nadar nas águas da mídia social se deram mal.

Na Wine Library nós não jogamos charme apenas quando um cliente cheio da grana entra ou quando ele está infeliz, e não respondemos a solicitações de modo formal. Tentamos não calcular se um cliente vale mais do que outro e, portanto, se é mais valioso em termos de tempo e esforço pessoal, mesmo reconhecendo que um grande cliente possa contribuir muito para a empresa. Como adivinhar o potencial de um cliente? Talvez tenhamos um que gaste apenas uma centena de dólares por ano. O que você não sabe é que ele gasta alguns milhares de dólares em outro lugar, talvez com seu concorrente. Nem em sonhos saberia que o melhor amigo dele é o maior comprador do mercado. Agora, e se você pudesse criar um relacionamento com ele, fazer uma conexão, fazer que ele passe a gostar de você, e ganhar 30 por cento, 60 por cento ou até 100 por cento do que ele gasta? Seu pequeno cliente se tornaria muito maior. Eis por que temos de tratar bem todos os clientes. Esse é um princípio comercial básico que já foi muito debatido e escrutinado em livros, e é aplicado por algumas empresas. Mas a prática é tão diferente hoje do que era antes, digamos, em 1990, que as empresas não podem simplesmente achar que seja uma boa ideia a que aspiram. Valorizar cada cliente é obrigatório dentro da "Economia da Gratidão".

Na Wine Library, se acontece um problema, nunca pensamos que depois de resolvê-lo não teremos mais de ver o cliente. Falamos com cada um como se fôssemos sentar ao seu lado no jantar na casa da mãe dele naquela noite. Deixamos claro que queremos ajudar no que for possível, e que seus problemas nos interessam. E somos sinceros ao dizer isso.

Às vezes, não importa o nosso esforço, perdemos, porque alguém chegou na frente e iniciou um relacionamento primeiro. Na maioria dos casos, há mais lugares onde se pode encontrar o que vendemos. Já me aconteceu de ouvir que, embora gostem da minha loja e vivam onde moro, compram na loja do meu concorrente por terem sido bem tratados lá. Eu digo: "Meus preços são mais baixos, a minha seleção de vinhos é muito melhor, e também vou tratá-lo bem, vou tratá-lo ainda melhor!", mas não consigo convencê-lo, porque o relacionamento deles já se consolidou. Posso competir no preço, posso competir pela conveniência e, se me dessem a chance, competiria em bons tratos também. Mas não irão me dar essa chance a menos que meu concorrente pise na bola. E, mesmo assim, provavelmente, lhe darão outra chance, porque o perdão é a marca registrada do bom relacionamento. Se eu continuar insistindo, posso ganhar uma porcentagem de vendas do meu concorrente, mas o pequeno empresário manterá sua fatia de mercado entre os clientes com atenção e bons serviços.

Todos que trabalham em grandes empresas podem não acreditar que esse tipo de empresa ou mesmo loja on-line possa criar o mesmo tipo de relacionamento amistoso e leal com seus clientes, como um vendedor local. Digo que isso acontece, porque já passei por algo parecido. Construí minha empresa on-line do mesmo modo que montei a loja física. Mas isso só funciona se todos na empresa estiverem engajados, e essa é a razão pela qual, a menos que você esteja montando uma empresa do zero e possa estabelecer a gentileza como sua pedra fundamental, terá de operar uma mudança cultural completa, de modo que, como a loja familiar local, cada funcionário deverá estar pronto para atender o cliente no que precisar e fazê-lo de maneira autêntica. Seu empenho deve ser sincero, senão não dará certo.

Um presente para clientes e empresas

As pessoas esperam esse nível de compromisso das empresas com quem negociam. Elas sempre fizeram isso, mas perderam o poder de exigi-lo. Hoje em dia conseguiram reaver esse poder, mas estão negligenciando o seu controle. Até o que costumava ser o melhor serviço de atendimento ao cliente não é mais satisfatório. É preciso ser um prestador de serviços eficaz e fazer o que estiver ao seu alcance para que todos os clientes se sintam reconhecidos, prestigiados e ouvidos. É preciso fazer com que se sintam especiais, da mesma maneira que a sua bisavó ao entrar no açougue do Bob ou comprar um chapéu novo, e você deve fazer com que pessoas que não são seus clientes desejem sê-lo. A mídia social dá às empresas as ferramentas para que façam isso pela primeira vez em grande escala.

Plataformas como Facebook e Twitter devolvem a voz às empresas, também, na forma de retorno em tempo real. Elas podem ver de modo direto quando seu anúncio fraco ou marketing pobre é ignorado, e como suas campanhas criativas, engajadas e autênticas são elogiadas e passadas adiante. Até as atividades que resistiram por muito tempo a prestar atenção às estatísticas, como os editoriais dos jornais, estão se voltando para ferramentas de pesquisa on-line para ajudá-los a colocar recursos e moldar conteúdo em blogs e podcasts. Não é preciso adivinhar quão positiva ou negativamente o público está reagindo à marca quando ela está nas notícias ou na TV – a reação pública está em geral em preto e branco logo ali no Facebook, enquanto as câmeras estão rodando. Na Economia da Gratidão, a mídia social nos permite conseguir um retorno imediato e visceral em tempo real, e não opiniões ultrapassadas. Surpreende-me que haja tantas empresas que resistam à mídia social. O fato de que clientes estejam disponíveis para falar com elas, não apenas para reclamar ou elogiá-las, mas para iniciar um diálogo, dar opiniões e feedback é fantástico! Elas deveriam agradecer pela grande oportunidade que têm hoje de se adaptar de maneira rápida (e barata) e melhorar suas estratégias.

Ultrapasse as expectativas ou então prepare-se para perder

Antes, as pessoas se satisfaziam ao receber uma *newsletter* por e-mail e os eventuais cupons de 10 por cento de desconto que recebiam pelo correio. Isso era considerado um grande compromisso com o cliente. Não havia nada mais do que isso. Agora, as empresas elevaram os padrões, como a Zappos – que gasta tanto tempo ao telefone quanto o cliente precisar – e a Fresh Direct – uma mercearia on-line de Nova York que empacota tudo com plástico-bolha e coloca um maço a mais de aspargos no seu pedido apenas para lhe agradecer o bom cliente que é. Alguns vendedores são conhecidos por agradar seus clientes com bilhetes de agradecimento, como a Hem, em Austin, no Texas, que os envia alguns dias depois de ter comprado o que queria e que também lhe oferece vinho ou cerveja para beber durante a sua compra. Mas quantas empresas on-line fazem isso? Não muitas, e por isso a Wufoo, uma desenvolvedora de formulários HTML on-line, consegue tanta cobertura de blogs quando seus clientes recebem bilhetes de agradecimentos escritos à mão, por vezes feitos de papel reciclado e decorados com etiquetas. O que é especial nos bilhetes da Wufoo é não serem feitos por causa de uma compra em especial; eles são enviados ao acaso a clientes preferenciais, apenas para dizer: "Obrigado por comprar conosco".

É verdade que, quanto mais se dá, mais se pede. Fico consternado de querer só viajar de primeira classe agora. É tão melhor, e agora que já sei como é, quero poder viajar assim o tempo todo. Eu poderia viajar assim sempre, mas não faço isso porque não quero. A questão é, no entanto, por que todos no avião não podem receber um tratamento de primeira classe, mesmo que não estejam pagando mais por isso? Acredito que acabarão pagando, porque começarão a exigí-lo. Não os benefícios – as castanhas aquecidas e o champanhe, ou mesmo os assentos mais largos e mais espaço para as pernas –, mas o respeito e a gentileza, com certeza. Todas as empresas, não apenas as companhias aéreas, precisam começar a tratar seus clientes como se eles tivessem muito dinheiro. Meu pai se preocupou em criar esse tipo de expectativa na loja de bebidas, por que iríamos interromper o processo? E o que aconteceria se parássemos de oferecer mais? Eu tive de me empenhar para convencê-lo de que, se não fizéssemos isso, alguém o faria. Construímos a filosofia de tratamento de primeira classe ao cliente na empresa, e as pessoas não cansavam de nos elogiar. Elas voltavam, elogiavam um pouco mais, os amigos delas vinham para confirmar, também nos elogiavam, e, por intermédio de um bom atendimento ao cliente e do boca a boca, construímos uma imensa base de clientes fiéis. (Puxa, a Wine Library seria muito mais hoje se a Economia da Gratidão estivesse a pleno vapor quando começamos!) Mencionaremos mais tarde o que fazer quando as exigências forem exageradas, mas, para a maioria, o tipo de serviço que as pessoas estão aprendendo a esperar não é excessivo; as empresas apenas não estão habituadas a oferecê-lo.

Hoje, os clientes esperam que você se importe com eles. Não apenas isso; esperam que prove o que está dizendo, e o único modo de provar a eles é ouvindo-os, envolvendo-se e dando-lhes o que estão pedindo quando for possível; e, quando não for, dando-lhes uma resposta franca e sincera de por que não. Eles apenas querem ser ouvidos e tratados com seriedade. Isso é tudo.

Se houver qualquer problema com sua marca ou seu produto, ele virá à tona quando começar a implementar a mídia social adequadamente. Não deixe que essa possibilidade o impeça. Ouça as sugestões e reclamações dos seus clientes (bem como os elogios) e aproveite a oportunidade para determinar o problema; então, use a mídia social para mostrar ao mundo como você mudou e melhorou.

Compromisso não é uma palavra de quatro letras

Uma grande demanda? Sim. Muito trabalho? Sim, também. Mas as empresas não têm mais escolha. Sei que, para muitos empresários, investir em "compromisso" é o mesmo que comer algodão-doce – é agradável, mas não alimenta. No entanto, vou demonstrar como não há mais riscos em alocar recursos para aperfeiçoar uma estratégia de mídia social do que sair gritando "Compre meu produto!" na televisão, no rádio, na imprensa ou em outdoors. Então, focaremos o que precisa ser feito para qualquer empresa, seja grande ou pequena, B2B ou B2C, inovadora ou convencional, para usar a mídia social corretamente de modo a construir relacionamentos individualizados. Se já experimentou a mídia social e não funcionou, há apenas duas razões possíveis: seu produto ou serviço não é bom ou você está anunciando do modo errado. Vamos partir do pressuposto de que seja o segundo motivo.

Apresentarei alguns ótimos exemplos do que a mídia social empregada corretamente pode fazer, e o que ela pode ajudar as empresas a conquistar em uma economia em que um agradecimento bem colocado – seja um aperto de mão, um comentário ou uma amostra – vale tanto quanto um Amex Platinum para uma empresa. Vou demonstrar o alcance que o efeito da sinceridade de frases como "Em que posso ajudá-lo?", "O que posso fazer por você?", "Que gentileza a sua", "Perdoe-me. De que modo posso resolver isso para você?", ou, talvez, mais ainda, "Que bom vê-lo novamente!" pode ter para sua empresa em um mundo onde o boca a boca viaja mais rapidamente e possui mais poder do que em qualquer outra época. Ter sucesso na Economia da Gratidão não é simplesmente ser educado e parecer inocente, pois qualquer um pode fazer isso, mas sim aproveitar toda e qualquer oportunidade para demonstrar que se importa com seus clientes e como eles usam a sua marca de um modo que você torna única.

O valor da atenção

Imagine que você é o CEO da Super Duper Fans, Inc., está sentado na lanchonete do bairro e ouve um dos gerentes dizer ao outro:

– Sabe, compra-se o valor do que se paga. Estou tentando economizar e sair do vermelho não usando demais o ar-condicionado, então saí e comprei vários ventiladores. E, como eu também não queria gastar muito, comprei esses ventiladores Super Duper que tanto anunciam na televisão.

– Com o macaquinho? Sim, eu vi, são hilários!

– Eu os liguei e dois já quebraram. Dá pra imaginar por quê. Um lixo.

Qualquer executivo, gerente ou vendedor que se importe com a empresa e acredite no que ela faz não hesitaria em se aproximar da mesa, apresentar-

-se, defender o produto, desculpar-se por qualquer inconveniente e pedir por outra chance de provar a grande qualidade do ventilador Super Duper. Você poderia se oferecer para repor os aparelhos com defeito (sem cobrar o frete nem a taxa de entrega, é claro) e incluir um cupom que daria direito a um desconto de 30 por cento em qualquer outro produto da empresa. Você faria isso num piscar de olhos, não porque é bonzinho, nem por ser legal, mas por se importar com a empresa e querer que todos que comprem seus produtos estejam satisfeitos.

Agora me explique: se você se importa com sua marca para reagir com esse tipo de interesse e preocupação ao ouvir a conversa pessoalmente, por que não responderia da mesma maneira se lesse esses mesmos comentários on-line? Se há conversas sobre a sua marca, sobre seu produto ou seu serviço acontecendo em lanchonetes, cabeleireiros e metrôs, elas também estão acontecendo no Facebook e no Twitter, e em todos os blogs e fóruns sobre o assunto, e você poderá ouvir todas elas. Essas conversas evidentemente já aconteciam antes do surgimento da mídia social, mas não iam muito além. Além disso, tudo que uma empresa poderia fazer se tomasse conhecimento desse burburinho era ouvi-lo de longe. Agora os papos e o boca a boca sobre a sua empresa ou marca podem prosseguir indefinidamente, mas há uma tremenda vantagem que os empresários de antes não tinham: você e sua equipe podem participar e propagá-la; ignorar essa opção é isolar-se do mundo – testemunhar tudo o que é dito, e não fazer nada a respeito. Isso poderá aniquilar sua empresa.

Embarque nessa

Se for um empresário, já sabe que estou falando a verdade, porque, se está tendo sucesso, é bem provável que já esteja engajado com seus clientes on-line e off-line com a mesma intensidade e o mesmo entusiasmo. Espero que minhas ideias e meus exemplos neste livro sirvam de inspiração para levar sua empresa a um patamar mais alto, proporcionando meios de ajudar os outros a chegar lá.

Se quiser se tornar um CEO algum dia, terá de embarcar nesse trem. Provocar uma mudança cultural significativa dentro de uma empresa leva muito tempo e exige bastante delicadeza, se quiser fazer isso bem-feito. É provável que concorra com outros que já incorporaram os princípios da Economia da Gratidão em todos os âmbitos de seu negócio desde o dia em que abriram sua primeira conta no Twitter. Quem começa mais cedo leva vantagem, não por causa do número de fãs e seguidores que tem. Não sei o que aqueles que prometem doar mil dólares ao Haiti (se obtiverem cem seguidores no Twitter) pensam que estão ganhando. Apenas doe os mil dólares ao Haiti, seus idiotas! Não é o número de seguidores que você tem ou quantos "curtem" o que faz, mas sim a força do vínculo que você possui com seus seguidores que indica o quanto eles se importam com o que tenha a dizer, pois, nesse jogo, quem ganha é aquele que tiver os relacionamentos mais verdadeiros.

Gerentes que amam o que fazem e querem que sua empresa entre na concorrência, prospere e bombe precisam colocar este livro na mesa dos seus CEOs. As pessoas podem adaptar muitas das lições deste livro para melhorar sua marca pessoal e também o modo como seu departamento se comunica e responde às pessoas e empresas com quem operam e negociam. Mas, para que uma empresa inteira entre na Economia da Gratidão de modo correto, várias pequenas etapas e inúmeros processos devem ser implementados para que, somados, resultem numa transformação cultural completa. Cada pequena etapa é fácil de ser realizada, mas apenas um comprometimento integral de mudança depois de algum tempo assegurará que os passos iniciais ganharão força suficiente e velocidade para deslanchar. Infelizmente, muitos CEOs temem introduzir mudanças, mesmo que seja para o bem da empresa no longo prazo. Isso parece difícil de se dizer, mas infelizmente é verdade, e há um bom motivo para isso. Estou convencido de que, se os empresários não tivessem de se preocupar com o valor das ações ou com os bônus ou seus dígitos, todos estariam investindo em mídia social agora. Faz sentido dizer que, quanto melhor você conhecer seus clientes, melhor poderá divulgar seus produtos e serviços para eles, e é provavel que mais gente pague por eles. Mas muitos empresários não podem se preocupar com medidas de longo prazo, porque sua sobrevivência (e bônus) depende dos resultados de curto prazo.

Em um voo recente, li um artigo escrito por um editor-chefe da *Harvard Business Review* (eu sei, eu sei, "quem não lê nada" lê artigos da *HBR*... pode fazer seu comentário sobre mim aqui...) que captou perfeitamente o dilema enfrentado até pelo mais bem-intencionado CEO: "Wall Street não gosta de inovações radicais". O artigo trazia os resultados de um estudo feito pela Wharton School, que descobriu que, até mesmo quando estava claro que um setor estava prestes a ser abalado por grandes mudanças, os analistas de Wall Street inicialmente apoiavam as estratégias empresariais que confiavam na antiga tecnologia, parecendo ignorar ou minimizar o valor de tentativas mais ousadas para aproveitar a nova tecnologia. Wall Street coloca os CEOs em uma situação quase impossível, como descrita por Chris Trimble, da Faculdade de Economia da Tuck School em Dartmouth: "Já ouvi CEOs dizerem que ignorar Wall Street é a única maneira de fazer a coisa certa para o futuro da empresa a longo prazo. Eles optam por investir em inovação, aceitam a punição de curto prazo (que vem na forma de perda de valor de ações) e esperam que o castigo não seja tão severo a ponto de fazê-los perder o emprego". Então, o que se deve fazer para convencer o CEO de que as mídias sociais são importantes se as estatísticas necessárias para justificar essas iniciativas ainda não estão disponíveis?

Comece. Se ainda não começou, olhe de novo para o que está fazendo. Mude a perspectiva e reavalie. Esteja preparado. Fique alerta a novas ideias e inovações. Faça o que for possível para sensibilizar a sua empresa com relação à Economia da Gratidão, para que, quando finalmente puder implementar as iniciativas, as bases já estejam formadas.

As empresas certamente poderão sobreviver sem mídia social. Talvez seus concorrentes possam pagar alto por plataformas tradicionais, ou tenham construído muito do valor de marca graças a um conteúdo favorável. Contudo, se eles não fizerem nada com a mídia social, mas você fizer, terá o potencial de superá-los, não graças a uma plataforma – e não da noite para o dia; trata-se de uma maratona, não de uma corrida de 100 metros –, mas porque reconhece que as expectativas culturais e dos consumidores não só podem mudar, como mudarão. E isso significa que você é mais flexível e adaptável e, portanto, tem mais chances de sobreviver e florescer na Economia da Gratidão.

> Embora as garotas entre 14 e 17 anos possam enviar mais mensagens do que qualquer outra pessoa, em média 100 por dia, em comparação aos rapazes da mesma idade, que enviam cerca de 30 por dia, enviar mensagens de texto não é mais uma atividade adolescente. Desde maio de 2010, 72 por cento da população adulta enviava uma média de 10 mensagens por dia. Quanto você imagina que será esse número em 2013?

Repito: se você tiver sucesso com a mídia social, não será por causa de sua plataforma, mas sim porque reconhece que as expectativas culturais e dos consumidores podem mudar. Você é mais adaptável e flexível do que seus concorrentes. Se aplicar a mídia social corretamente, seus clientes comprarão mais, serão mais fiéis, irão divulgá-lo e o defenderão toda vez que precisar. Tudo isso se soma à sua maior chance de sobreviver e florescer na Economia da Gratidão.

Sabemos que o mundo empresarial mudou. Dá para sentir, não dá? Vá a um shopping center, a um cinema ou a um estádio de futebol e veja o que as pessoas estão fazendo. Independentemente do motivo, a metade, se não mais da metade, está de cabeça baixa, fuçando seus aparelhos eletrônicos.

Quando estão em casa, têm sempre os mesmos aparelhos de comunicação à mão, além de estarem grudados aos seus iPads e computadores. E eu garanto que a maioria não está mais simplesmente lendo a página da AOL, mas sim interagindo com o conteúdo e seus amigos no Facebook, Twitter, Foursquare, Digg e Reddit, e um monte de sites dos quais provavelmente você nunca ouviu falar. Então, por que você anuncia no AOL.com ou no Yahoo.com? Muitas marcas importantes de cinco anos atrás não são mais respeitadas nem apreciadas, porque perderam contato com seus clientes pelo fato de terem continuado a se comunicar com eles apenas por meio de plataformas de marketing tradicional. Não há mais tantos clientes ali como costumava haver, pois eles migraram para a mídia social, e é aqui que você precisa segui-los e falar com eles. Se esperar que seus concorrentes façam isso para depois acertar como se faz, eles roubarão a vantagem que seria sua, pois estava bem debaixo do seu nariz.

Por exemplo, a Zagat era a referência original para os consumidores, "a bíblia do vinho de Borgonha", uma marca com vinte anos de existência que nunca precisou lutar para sobreviver ou se destacar. Porém, ao demorar a reconhecer que as expectativas e os desejos dos clientes estavam mudando, a empresa teve de arregaçar as mangas e esforçar-se para se defender. A história da Zagat é um bom exemplo de como a resistência à mudança e a falta de visão podem derrubar um gigante de qualquer setor da indústria. Por outro lado, também é um exemplo de como as empresas podem dar a volta por cima depois de descobrir como incorporar a inovação que haviam perdido. Para ter uma ideia da batalha que eles têm enfrentado, é só comparar sua evolução com a de um de seus maiores concorrentes, a Yelp.

1979	Os Zagats resolvem reunir as opiniões de seus amigos e de amigos de amigos sobre os restaurantes da cidade de Nova York para criar um guia de restaurantes simples, mas confiável. Nas duas décadas seguintes, a *Zagat Review* tornou-se uma referência internacional do mundo culinário, com mais de cem mil contribuintes e leitores fiéis.
1999	A Zagat lança seu site, mas apenas os assinantes que pagam podem ler as resenhas completas.
2004	Antigos funcionários da PayPal, Jeremy Stoppelman e Russel Simmons lançam a Yelp, com um escritório na Mission Street, em San Francisco. O site oferece acesso livre às resenhas de usuários sobre restaurantes, SPAs e outras empresas locais.
2007	A Yelp registra cinco milhões de visitantes exclusivos.
Janeiro de 2008	Os Zagats tentam vender sua empresa por duzentos milhões de dólares, mas não há compradores.
Maio de 2008	A Yelp registra dez milhões de visitantes exclusivos.
Junho de 2008	Os Zagats saem do mercado de ações.
Julho de 2008	A Yelp lança um aplicativo para iPhone cuja inscrição é gratuita.
Novembro de 2008	A Zagat lança o aplicativo "Zagat to Go" para iPhone ao preço de dez dólares.

Julho de 2009	A Zagat se mantém como um dos dez aplicativos para iPhone mais procurados da categoria de viagens.
Agosto de 2009	A Yelp, ainda gratuita, registra mais de 25 milhões de visitantes exclusivos.
Setembro de 2009	A Zagat.com, que cobra 25 dólares de anuidade, recebe cerca de 270 mil visitantes exclusivos por mês e começa a "perder terreno".
Dezembro de 2009	Yelp rejeita uma oferta de 550 milhões de dólares da Google e uma de 700 milhões de dólares da Microsoft. "A Yelp tem a chance de se tornar uma das grandes marcas da internet", diz Stoppelman. "Isso acontece apenas uma vez na vida."
Janeiro de 2010	Na criação da Foursquare, a Yelp acrescenta um check-in para o upgrade de seu aplicativo.
Fevereiro de 2010	A Zagat associa-se à Foursquare. Os usuários podem ganhar uma identificação quando entram nos restaurantes indicados pela Zagat e recebem indicações de pratos a partir das resenhas da empresa.
Agosto de 2010	A Zagat é qualificada como a marca mais seguida na Foursquare pela Osnapz, com 65 mil seguidores.
Agosto de 2010	A Zagat integra a Foodspotting, que permite às pessoas postarem fotos e comentarem os pratos de que mais gostam em vez de ler e escrever resenhas no aplicativo "Zagat to Go".

Se a Zagat tivesse se mantido atenta às inovações que estavam chegando, a Yelp jamais teria abocanhado a sua fatia de mercado. No entanto, como se pode ver, a Zagat bateu forte e acertou em cheio. É possível que marcas, sites e novas empresas roubem fatias de mercado de gigantes adormecidos e até mesmo se tornem líderes de mercado, mas, se o gigante despertar e usar o conhecimento de marca que criou ao longo dos anos, conseguirá voltar ao jogo em um piscar de olhos. Essa é uma boa notícia para todas as grandes empresas que somente agora estão reconhecendo que precisam transformar a mídia social em uma prioridade. Em condições ideais, entretanto, qualquer gigante que esteja despertando se adaptará por se dar conta do que está acontecendo à sua volta e por desejar se adaptar, e não porque foi jogado para escanteio, como a Zagat, que não teve outra alternativa senão mudar.

Não se trata da mídia social

Como eu disse em *Vai fundo!*,[2]
Mídia social = Empresa

O que é necessário ter em mente a qualquer custo, no entanto, é que a Economia da Gratidão é muito, muito maior do que a mídia social. A chegada da mídia social foi simplesmente o catalisador de uma revolução que já estava borbulhando na mente dos consumidores cansados de se sentirem isolados, mal atendidos e ignorados. *Gratidão: como gerar um sentimento incrível de satisfação em todos os seus clientes* explica como as empresa devem aprender a adaptar suas estratégias de marketing para aproveitar as plataformas que transformaram completamente a cultura do consumidor e a sociedade como um todo. Se estivéssemos em 1923, este livro teria o título *Por que a rádio irá virar o jogo*. Se fosse em 1995, seria *Por que a Amazon irá dominar o varejo*. Não estou propondo uma postura radical, em que só vale o tudo ou nada – ainda há lugar no mercado para empresas antiquadas e com postura ultrapassada em um mundo onde existe a Amazon, e a mídia tradicional ainda é relevante e valiosa. (Você provavelmente pensou que eu não diria isso, não é? Espere até chegar ao Capítulo 5.) Mas há muitas empresas que ainda estão hesitando, vendo a mídia social passar diante delas, pensando que, se o destino é tão abundante, outro trem logo virá para levá-las na mesma direção. Elas parecem acreditar que a velocidade será reduzida, que a viagem será constante e segura, e que elas serão capazes de acompanhar quem embarcou primeiro. Mas estão equivocadas. O próximo trem, quando aparecer, estará indo a toda velocidade a outro destino exótico e desconhecido. A mídia social chegou para ficar, mas logo alguma novidade tecnológica será inventada, a qual dará

---

2. VAYNERCHUK, Gary. *Vai fundo! O guru das mídias sociais ensina como ganhar dinheiro fazendo o que você gosta*. Rio de Janeiro: Agir, 2010.

aos intrépidos viajantes, àqueles que sabem que as mudanças são os únicos trens que existem, outra chance de driblar os que têm aversão a correr risco. (Acredito que qualquer um que esteja prestando atenção pode perceber que as plataformas móveis são a próxima chave para conquistar a fatia de mercado... por favor, diga-me que você possui uma estratégia móvel...) O que não mudará, no entanto, é a cultura – a expectativa – de comunicação, a transparência e a conexão que a mídia social fez reviver. Vivemos em um mundo em que qualquer um que tenha computador pode estar presente e ter uma voz on-line; o que vier a seguir simplesmente tornará o boca a boca ainda mais poderoso. A proliferação dos blogs, com seu convite a fazer comentários, e a transparência do Facebook e do Twitter marcaram um divisor de águas na economia. Todos pensavam que haviam visto uma mudança cultural massiva quando as pessoas adotaram a internet no seu dia a dia, mas uma mudança maior ocorreu quando a internet permitiu o diálogo. Aprenda como implementar uma filosofia de atenção e comunicação em sua empresa, meça os relacionamentos de forma humana e observe seus clientes recompensarem seus esforços usando seu novo e poderoso boca a boca em grande escala para divulgar sua empresa e sua marca para você.

CAPÍTULO 2

Apagando pegadas na areia

Em 1997, logo depois de lançar a WineLibrary.com, fui convidado para uma conferência organizada por uma seção local da Câmara do Comércio de Nova Jersey, para falar sobre vendas on-line. Era minha primeira palestra e eu estava ansioso. Sentei-me nas laterais, tentando me manter calmo, enquanto o palestrante que me antecederia subia ao palco. Ele usava uma gravata. Era vice-presidente da empresa e tinha uma apresentação extravagante em PowerPoint. O tema de sua palestra defendia que a venda por internet era malfeita. Não era prática e nunca deslancharia, porque, de acordo com as informações apresentadas em seus slides, ninguém na região central dos Estados Unidos estava comprando nem iria comprar pela internet. O sr. PowerPoint perguntou à plateia: "Quantos já ouviram falar da Amazon?". A maioria levantou a mão. Ele continuou perguntando se eles acreditavam que as pessoas abandonariam seu relacionamento comercial construído ao longo dos anos com as livrarias locais, ou mesmo se deixariam a altamente cotada Barnes & Noble. Não, não deixariam. Ainda passariam dois anos antes de o CEO Jeff Bezos ser indicado o Homem do Ano pela revista *Time*, com seu nome sublinhado na capa acima da legenda: "A internet está mudando o modo de comprar no mundo". Passariam ainda mais quatro anos antes de a Amazon alcançar seu primeiro lucro líquido trimestral. O sr. PowerPoint comparou a fatia de mercado crescente da empresa à sua ausência de lucros e disse que um dia olharíamos para trás e nos perguntaríamos: "Você se lembra da Amazon?"

Meu sonho a curto prazo naquela época era me tornar a Amazon na venda de vinhos, e a plateia que me ouviria falar desse sonho estava olhando para as tabelas e os gráficos daquele palhaço do PowerPoint como se os dados estivessem inscritos nas tábuas dos Dez Mandamentos de Moisés. Ao terminar, ele disse: "Este garoto agora vai contar para vocês como ele vai vender vinho pela internet. Quantos aqui comprariam vinho pela internet?". Apenas duas pessoas levantaram a mão numa plateia de mais de sessenta pessoas.

Se isso tivesse acontecido em 2010, a palestra teria sido gravada e eu a teria postado para mostrar a todo mundo como ele havia sido estúpido. Mas, acredite ou não, mesmo tendo me chamado de "garoto", ele mereceu meu respeito por ter dito o que disse. Gosto de pessoas com espírito competitivo e coragem, pois elas me fazem lutar. Mas isso não quer dizer que tenha ganhado a batalha naquele dia. Subi ao palco e comecei minha palestra dizendo: "Com todo o respeito pelo sr. PowerPoint, ele não tem a menor ideia do que está dizendo. Ele vai perder o bonde da história e eu sinto muito por ele". Continuei dando a minha palestra e apresentei à plateia a melhor e mais sincera defesa de por que a internet representaria para os vendedores o que a imprensa foi para os escritores. Até o final, eles se mantiveram céticos e desinteressados.

Os empresários possuem um tipo de sexto sentido que lhes diz quando uma grande mudança está para acontecer. O artigo da revista *Time* que acompanhou a premiação de Homem do Ano conferido a Bezos descreve melhor:

> Toda vez que um abalo sísmico acontece em nossa economia, há pessoas que sentem as vibrações muito antes dos outros, vibrações tão fortes que demandam uma ação – ação essa que pode parecer precipitada, até estúpida. Cornelius Vanderbilt pulou do navio quando viu as estradas de ferro abrindo caminho. Thomas Watson Jr., embasbacado com sua visão de que os computadores iriam estar em todo lugar antes mesmo de se espalharem, apostou na empresa de máquinas de seu pai: a IBM.

Jeffrey Preston Bezos teve essa mesma sensação quando viu pela primeira vez a rede de computadores conectados chamada World Wide Web (WWW) e percebeu que o futuro das vendas no varejo estava bem diante de seus olhos.

Olhando para trás, não culpo o sr. PowerPoint por ser tão cético, nem posso culpar a plateia por relevar o que eu tinha a lhes dizer. A maioria não possui a capacidade visionária de um empresário. Eles não são capazes de enxergar potencial no desconhecido; pelo contrário, veem-no como ameaça ao próprio conforto, então, a reação automática é demarcar um limite entre eles e qualquer coisa que seja nova ou não comprovada, especialmente quando se trata de tecnologia. Quase 90 por cento dos americanos possuem celulares, mas pessoas da minha geração ainda se lembram quando muitos duvidavam da necessidade e até da possibilidade de serem alcançados por telefone onde estivessem, a qualquer hora. Há apenas quatro anos, usávamos os celulares para falar, e não para escrever mensagens. Nesse período, ninguém brincava de Farmville no Facebook. Agora quero saber: se você estiver lendo isso em 2014, pode me enviar um e-mail dizendo quanto gasta em produtos e serviços pela internet? A tendência é que essa prática aumente, e muito. Quantos dos mais de quinhentos milhões de usuários do Facebook juraram que nunca usariam o site? (Eu não gostaria que essa fosse uma pergunta retórica. Se você era uma dessas pessoas, adoraria saber. Envie um e-mail para gary@vaynermedia.com e confesse.) Há uma razão para a divisão entre inovadores – pessoas que rapidamente abraçam novas tecnologias – e a maioria ser chamada de quiasma.

A maioria dos empresários passa muito tempo do lado errado desse quiasma, escondendo-se por trás de bordões batidos como "Só se pode controlar o que se mede". Por isso minha vingança não deu certo em 1997. Ele tinha estatísticas colhidas de fontes em que a plateia confiava, e qualquer estatística que eu trouxesse viria de pesquisas que ainda não haviam conquistado a confiança do público. Não importa quanto eu adivinhasse o futuro, sem estatísticas de fontes seguras que indicassem que a internet mudaria o que os americanos pensavam sobre compra e venda de qualquer coisa, desde livros e vinho a papel higiênico e aspargos, eu não conseguiria mudar o pensamento corporativo.

Os Estados Unidos hoje evidentemente amam o comércio pela internet, mas os líderes empresariais e gerentes de marca e publicitários apenas demarcaram novos limites, desta vez colocando uma distância entre suas empresas e a mídia social, enquanto se agarram desesperadamente à segurança que ainda acreditam que as estatísticas podem trazer. Infelizmente, se esperar até que a mídia social seja capaz de provar o que é capaz de fazer antes de decidir relacionar-se diretamente com seus clientes, você perderá uma das grandes oportunidades de passar à frente dos seus concorrentes.

A resistência não o matará imediatamente

O que o dono da charrete puxada a cavalo deveria ter feito quando viu o automóvel? Ele deveria ter esperado ter apenas três corridas por dia para pensar que talvez precisasse mudar para sobreviver, ou deveria ter vendido os cavalos imediatamente? A última opção, é lógico! Os líderes empresariais podem não perceber a falta de participação na mídia social refletida nos seus balancetes, mas juro que, a menos que a empresa naufrague por algum outro motivo, eles perceberão. Ignorar uma ameaça não significa que ela não exista. Você morrerá se fumar? Não necessariamente. Nem todo mundo que fuma morre de câncer no pulmão, e, se os fumantes viverem muito, há muitas outras circunstâncias que podem matá-los. Da mesma maneira, você não vai fechar as portas amanhã se não estiver no Facebook e no Twitter, blogando, criando conteúdo e abrindo comunidades. Mas o risco de que sua empresa morra antes do tempo aumenta a cada dia que deixar de usar a mídia social. Acha que a Barnes & Noble e a Borders não viram a Amazon vindo em 1997? Claro que sim. Mas as estatísticas os ludibriaram, pois indicavam que a Amazon estava longe de conseguir lucros, e a Barnes & Noble e a Borders ainda eram a primeira e a segunda maiores livrarias do país. Mesmo que alguns executivos da Borders e da Barnes & Noble pudessem pressentir a mudança, provavelmente preferiram acreditar no que as estatísticas estavam dizendo. Duvidar das estatísticas teria significado uma renovação e uma grande aceleração; todavia, é muito mais fácil fazer tudo do modo como sempre foi feito. B. Dalton, proprietário da Barnes & Noble, não fechou as portas em 1999. Nada aconteceu em 2001, ou mesmo em 2003. Só aconteceu em janeiro de 2010, quando a última loja fechou. Mas acabou acontecendo, quando não deveria ter acontecido. Do mesmo modo que o cara que para de fumar somente depois de receber o diagnóstico de câncer no pulmão, quando B. Dalton se deu conta de que a Amazon era poderosa, era tarde demais.

Nenhuma grande empresa perde para uma pequena empresa se estiver comprometida em ganhar a guerra. Não há motivo por que empresas mastodônticas como a Barnes & Noble ou a Borders não pudessem ter gastado recursos e contratado as pessoas certas para acompanhar a Amazon em tudo. A Barnes & Noble passou a estar on-line em 1997, mas não entrou com força total; senão a Amazon não teria roubado sua fatia de mercado. Eles deveriam ter feito o mesmo que faço toda vez que uma nova loja de bebidas que possa representar uma ameaça abre perto de mim – acerte a cara do concorrente com propaganda e investimento em marketing (mesmo que não abram perto de mim, pode apostar que estou prestando muita atenção no que estão fazendo). A Barnes & Noble deveria ter se aproximado da Amazon do mesmo modo como a Fox e a NBC se aproximaram do Google, quando desenvolveram um verdadeiro rival, a Hulu, para combater o YouTube do Google.

Agora, eu diria que a mídia social se parece com os rins – você pode sobreviver com um só, mas as chances de chegar a uma idade mais avançada aumentam se tiver os dois. Penso que, no final das contas, a mídia social será tão importante para as empresas quanto um coração saudável.

CAPÍTULO 3

Por que as pessoas inteligentes ignoram a mídia social e por que não deveriam fazer isso

Conversei com várias empresas sobre os benefícios da mídia social nos últimos seis anos, e a maioria dos motivos que ouvi sobre por que os diretores não querem investir nisso baseia-se no medo. Como eu disse, Wall Street não facilita a vida das empresas que querem arriscar. Talvez houvesse algum risco no começo, mas hoje o risco que tentam evitar existe apenas na cabeça deles. Eu sei que isso é difícil de acreditar quando se leem manchetes que dizem: "A maioria das marcas ainda é irrelevante no Twitter" e "A rede social pode não ser tão rentável quanto muitos pensam". É possível que no momento essas manchetes e outras semelhantes sejam tecnicamente verdadeiras, mas, se forem, em quase todos os casos, a razão é a mesma – a maioria das empresas que está tentando usar as plataformas de mídia social não as usa corretamente. Quer dizer, o fato de não conseguir driblar bem nem marcar gol não quer dizer que haja um defeito em sua bola de futebol, e a razão para não estarem sendo usadas de modo correto, em geral, é porque não estão totalmente comprometidas com ela; ainda não perceberam que a intenção também é importante. É verdade que é preciso usar a mídia social porque, de outra maneira, seus concorrentes passarão à sua frente. No entanto, como falamos e nos comportamos superficialmente é totalmente diferente de como falamos e nos comportamos quando de fato nos importamos com alguma coisa. Nossa intenção afeta a força de nossas ações; sendo assim, se o diretor de uma empresa estiver apenas imitando (isto é, se eles se atiram junto com a empresa dentro da mídia social apenas porque seus concorrentes estão fazendo o mesmo), mas a intenção dele não é mergulhar todos os aspectos da empresa nos princípios da Economia da Gratidão, é claro que nunca colherá os resultados. Seria como um nadador profissional que fica molhando os pés na beira da piscina durante um mês, medindo a temperatura da água, e depois reclama que seu tempo de nado não está melhorando.

Ao todo, há 11 desculpas que ouvi as empresas usarem repetidamente para justificar sua recusa a se comprometer plenamente e investir na mídia social, e quero dissecar uma por uma. Se você for cético, espero que encontre aqui alguma informação nova que o convença de que chegou o momento de agir. Se estiver ansioso para fazer sua empresa se conectar em um nível mais profundo com seus clientes, mas está encontrando resistência, espero que estas páginas forneçam pontos de vista e argumentos que possa usar para apresentar essa questão aos diretores da sua empresa ou do departamento. Uma coisa é certa: até os diretores eliminarem esse obstáculo, encontrarão bastante dificuldade nas tentativas de guiar as empresas de modo suave e bem-sucedido em direção à Economia da Gratidão.

1. Não há Retorno sobre Investimento (ROI)

Os gerentes de marca e diretores de empresas são obcecados por estatísticas porque os números são muito importantes, se não para eles pessoalmente, certamente para seus superiores e acionistas, e para a mídia financeira e corporativa. Eu entendo isso. Mas deixe-me perguntar: qual é o retorno sobre investimento para o atendimento ao cliente? Existe uma fórmula que calcule quantas interações positivas são necessárias para resultar em uma venda ou em uma recomendação? Não, mas até agora bons gerentes e vendedores encheram seus clientes de gentilezas porque, mesmo sem números concretos para quantificar o ROI, instintivamente sabem que o segredo é ganhar a confiança do cliente.

Agora, a Nielsen possui as medições que provam que a ligação entre a confiança e uma venda não é apenas teórica. Quando a empresa conduziu uma pesquisa sobre o que norteia a confiança do consumidor, os resultados foram claros: quase 70 por cento das pessoas procuram a *família e os amigos* para pedir conselhos quando precisam decidir o que comprar. Onde as pessoas têm conversado com sua família e seus amigos ultimamente? O Facebook informa que 60 por cento das pessoas on-line estão em redes sociais e que metade delas as acessa todos os dias. Se há um ROI na amizade e na família, deve haver um ROI na mídia social. "Normalmente nos esquecemos da relação simbiótica entre a confiança e o retorno sobre investimento", diz Pete Blackshaw, da NM Incite, uma joint venture da McKinsey e Nielsen, e também autor de *Satisfied customers tell three friends, angry customers tell 3.000* [Clientes satisfeitos contam a três amigos, clientes insatisfeitos contam a 3.000]. "Se os consumidores confiam em outros consumidores mais do que na propaganda tradicional, e as plataformas para trazer indicações confiáveis hoje chegam a bilhões, o ROI deve estar entrando na zona do 'piloto automático'. Há uma distinção clara dos elementos práticos, e algumas técnicas ou táticas das mídias sociais trarão mais ROI do que outras, mas o quadro geral parece óbvio".

Diante de duas ofertas iguais, costuma-se fazer a escolha baseada na associação com uma pessoa conhecida. Meus amigos compram na Wine Library e vêm de longe para fazê-lo. A maioria dos meus colegas do ensino médio também compra na Wine Library. Existe um cliente da Dell que compra seus produtos porque tem um tio que trabalha na empresa. Há muitas pessoas que nunca deixaram de abastecer na Exxon depois do derramamento do navio *Valdez*, ou, mais recentemente, da British Petroleum (BP), mesmo tendo se aborrecido com as catástrofes ambientais causadas por essas empresas, porque têm parentes ou amigos ligados a elas. A mídia social, que nos permite observar as preferências e interações de nossa família e de amigos com as marcas, cria muito mais chances de fazermos associações pessoais que conduzam às nossas decisões de compra.

O Retorno sobre Investimento do compromisso de uma empresa com o cliente é proporcional à relação de fidelidade desse cliente. O ROI de seu relacionamento com sua mãe será muito maior do que aquele que se tem com um bom amigo. Ambos, no entanto, são mais valiosos do que aquele que se tem com um conhecido, que supera o relacionamento que se tem com um estranho. Sem a mídia social, você e seu cliente tornam-se estranhos; com ela, dependendo do seu empenho, poderão se tornar conhecidos e, com o tempo, transformarem-se em amigos. O poder desse relacionamento pode transformar um visitante casual em um comprador fiel, ou um comprador em um defensor ardoroso.

Toda empresa deveria fazer de tudo para transformar clientes em defensores ardorosos, pois eles são incrivelmente valiosos. De acordo com uma pesquisa da IBM sobre os padrões de compra de clientes de varejo on-line, os defensores:

- gastam 33 por cento mais do que outros clientes;
- gastam 30 por cento a mais com seus fornecedores on-line preferidos em relação a outros clientes;
- gastam mais tempo no site e têm uma tendência menor a procurar um concorrente, mesmo que este ofereça produtos semelhantes pelo mesmo preço;
- possuem um valor permanente maior do que clientes comuns, pois não somente gastam mais hoje como continuarão gastando, e até aumentarão seu gasto com o tempo.

Os defensores são criados, não nascem prontos. De acordo com a Nielsen, os consumidores, em geral, sentem-se mais motivados a procurar a empresa para reclamar do que para elogiar. No entanto, aproveitarão a chance de elogiar publicamente uma empresa se tiverem a oportunidade. A mídia social permite às empresas dar chance aos consumidores de lembrar por que eles gostam de uma marca, e sugerir-lhes que digam isso publicamente, seja no site da empresa ou pelos canais das redes sociais. Por meio de uma exaustiva pesquisa sobre a fidelidade do consumidor com foco sobre mães on-line,

Pete Blackshaw descobriu que, quando as marcas começaram a investir em interações e conversas significativas com as mães, elas tinham uma tendência 30 por cento maior de defender a marca. Em outras palavras, elas estão dispostas a escrever artigos on-line favoráveis sobre o produto, fazendo essencialmente o marketing da marca. De acordo com Blackshaw, os publicitários consideram os artigos on-line entre as formas mais explícitas de expressão do consumidor, porque eles tendem a surgir próximo à "compra" em si e porque seus cliques e links provocam uma quantidade maior de resultados de busca. A pesquisa mostrou, além disso, que as mães se tornaram "muito participativas" – respondendo perguntas de outras mães, dando informações e criando conteúdo on-line sobre o produto ou a marca –, o que representou uma economia de 15 por cento nas ligações de atendimento ao cliente. Ao todo, as estatísticas comprovam que há um ROI significativo ao se estabelecer um compromisso com os clientes e estreitar o relacionamento com eles. Blackshaw, que consultou centenas de marcas da *Fortune 1000*, diz que isso é ainda mais perceptível na primeira fase de lançamento de um produto. "Os primeiros artigos podem ter um impacto de uma mídia de dez milhões de dólares ao moldar a primeira impressão, mesmo entre a mídia tradicional, que cada vez mais usa a mídia social como um 'teste' para compreender o que realmente está acontecendo com as marcas."

Mesmo que uma pequena porcentagem de seus clientes se tornem verdadeiros defensores, há um tremendo ROI ao tratá-los da melhor maneira possível. De acordo com Jason Mittelstaedt, gerente de marketing da Right Now, uma empresa de consultoria de serviço ao consumidor que publicou o Relatório de Impacto de Atendimento ao Cliente 2010, "85 por cento dos consumidores americanos dizem que pagariam de 5 por cento a 25 por cento mais para garantir melhor tratamento ao cliente". Além disso, 76 por cento dos consumidores dizem que gostam quando as marcas e as empresas se interessam de modo pessoal por eles. Em outras palavras, os defensores e os não defensores dizem que querem uma qualidade de serviço melhor e estão dispostos a pagar por isso. Há alguma dúvida de que se aproximar dos clientes e lidar com eles pessoalmente, fazendo com que se sintam valorizados e ouvidos, não seja um tratamento melhor ao cliente?

> Analise estas estatísticas extraídas do Relatório de Impacto de Atendimento ao Cliente 2010:
> - 40 por cento dos consumidores passaram a comprar de um fornecedor concorrente graças à sua reputação de tratar bem os clientes;
> - 55 por cento citam um bom serviço, e não o produto ou o preço, como principal razão para indicar uma empresa;
> - 66 por cento dizem que um bom atendimento ao cliente foi o principal motivo para ter gastado mais.

É bastante lógico: há ROI comprovado ao fazer tudo o que for possível para transformar seus clientes em defensores da sua marca ou empresa. O modo de criar defensores é oferecer um serviço de atendimento de qualidade ao cliente, e, na Economia da Gratidão, o componente-chave do atendimento ao cliente de qualidade é o compromisso pessoal dentro da mídia social. É o que os clientes querem e, como todos sabem, quem manda é o cliente.

2. As estatísticas não são confiáveis

As ferramentas para rastrear e medir as iniciativas dentro da mídia social estão se tornando cada vez mais sofisticadas e confiáveis. Afinal, essa informação vem da Nielsen. Se você faz anúncios em televisão, provavelmente tem tomado grandes decisões financeiras com base nas estatísticas da Nielsen há muitos anos, acreditando que elas informam às redes de televisão quem está assistindo a qual programa, de modo que as estações de televisão e de TV a cabo possam lhe cobrar uma fortuna para colocar a sua marca à vista do seu público-alvo. E, quando estiver lendo este livro, também poderá confiar nas estatísticas que apresentarem o selo de aprovação da Nielsen para os seus anúncios on-line. Em setembro de 2010, a Nielsen anunciou que estava lançando uma ferramenta de estatística de cruzamento de dados de mídia que mediria o efeito de uma campanha feita on-line, com preços comparáveis aos que já eram oferecidos para a televisão. Sabe qual foi um dos primeiros parceiros a testar a nova ferramenta? O Facebook. No release para a imprensa, Steve Hasker, presidente da Nielsen para Produtos de Mídia, disse: "Este novo sistema fornecerá aos publicitários uma melhor compreensão de seu ROI e dará às empresas de mídia uma ferramenta muito útil para provar o valor de seu público".

Mas e o compromisso? A nova ferramenta da Nielsen mede o efeito dos anúncios on-line. Sabemos que nem toda conversa on-line com clientes resultará em venda. Bem, em 1990, quantos gerentes imaginaram que estariam gastando dinheiro para colocar anúncios em *banners* naquilo que chamavam de internet? Colocando produtos em videogames? Isso era impensável. Que tal pagar por SEO? SEO, que diabos é isso? Hoje se coloca um monte de dinheiro em SEO.[1] Tudo em que confiamos hoje para nos reportar o resultado da nossa propaganda já foi novo e arriscado, mas ao mesmo tempo não era, e o mesmo vai acontecer com a mídia social e as estatísticas que a acompanham.

Em 2010, a *Ad Week* noticiou que a Vitrue, uma empresa de gerenciamento de mídia social, havia calculado que um milhão de usuários do Facebook valia 3,6 milhões de dólares em "mídia equivalente" ao longo de um ano; 3,6 dólares por pessoa interessada em sua marca que quer se tornar seu amigo não é uma mudança significativa. Se essa estatística tivesse vindo da Nielsen, todos do ramo de marketing e propaganda teriam aceitado como um vaticínio. As estatísticas que já existem estão sendo refinadas rapidamente, e os padrões fixos que os gerentes tanto amam vão aparecer.

Ainda haverá maneiras para os consumidores brincarem com o sistema? Claro que sim, mas a maioria no Facebook e Twitter está de fato vivendo dentro da mídia, pois, se eles não estão on-line, a conversa se interrompe, e, se eles se distraem ou perdem o interesse, a conversa muda. As empresas de dados poderem registrar o assunto preferido de seus clientes, com quem estão falan-

---

1. SEO (*Search Engine Optimization* – otimização de sites). Você deve estar querendo repensar, aliás, quanto dinheiro está aplicando em SEO. Não sou um grande fã do SEO e acho que o valor como instrumento de avaliação de marca será reduzido à medida que as plataformas se desenvolverem, alavancando o relacionamento entre a empresa ou a marca e quem estiver buscando informações. Lembre do garoto que observei na Best Buy, que usou o celular para obter a informação de que precisava entre seus amigos na hora de escolher um videogame.

do sobre isso e com que frequência é muito menos ambíguo do que o que as pesquisas costumavam apurar. Os problemas em medir com precisão as impressões que grassam na mídia tradicional continuarão nos anúncios on-line, mas as informações sobre a experiência dos consumidores e a percepção que eles têm sobre a sua marca estão bem ali em cada tuíte, botão, coraçãozinho, comentário e compartilhamento. Melhor que isso, ao lidar diretamente, você poderá pedir explicações e detalhes e descobrir de fato o que o seu cliente sente e por que tem determinada opinião.

Cada plataforma de mídia tem seus furos. Quando sugeri pela primeira vez a compra de espaços de anúncio no Google, meu pai não estava convencido de que fosse uma boa ideia. Como iríamos saber quantas pessoas realmente clicaram? E se a concorrência clicasse ali só para que pensássemos que os anúncios funcionavam para que gastássemos todo nosso orçamento? Bem, não havia como saber, mas tinha certeza de que meus concorrentes estariam muito ocupados com o próprio marketing para gastar tanto tempo tentando me sabotar. O Google alegava ter um algoritmo para prevenir fraude e me dava a entender que tinham interesse em me proteger. Acredite, eu não estava no negócio para perder dinheiro, mas pensava a longo prazo, e pensar a longo prazo requer que se observem todas as opções, incluindo aquelas que poderão levar algum tempo para apresentar resultado. Todas as decisões de compra de mídia se baseiam em boas adivinhações; então, não faz muito sentido hesitar em usar uma nova ferramenta, especialmente algo que seja tão barato.

3. A mídia social é ainda muito nova

O método de esperar para ver o que acontece, que a maioria das empresas tem usado enquanto pensa quando deve investir em plataformas tradicionais, não funcionará com a mídia social. O primeiro que entrar nesse mundo hiper-rápido ganha impacto. As empresas não podem simplesmente gastar dinheiro e entrar no jogo. Antes, não faria diferença se, hipoteticamente, a Nike (que foi fundada apenas em meados da década de 1970) tivesse visto o rádio quando ele foi inventado e dito: "Nossa, isso vai longe, vai estar em todos os carros!", e dado um salto de três milhões de dólares na frente da Adidas. Seis anos depois, se a Adidas, após avaliar a questão, dissesse: "Puxa, a Nike tinha razão!", e entrasse na plataforma com uma campanha de quatro milhões de dólares, alcançaria a Nike, isso se não ficasse à frente dela. Tudo o que a Adidas teria de fazer seria gastar um monte de dinheiro para enviar sua mensagem ao consumidor, que a engoliria, porque ela seria tão conhecida que qualquer outra coisa passaria despercebida. Ela poderia passar na frente da outra empresa com uma presença em massa; no entanto, as empresas não podem comprar volume na mídia social, então, hoje em dia, esses seis anos de vantagem que a Nike teria sobre a Adidas contariam muito, porque, nesse tempo, a Nike teria se feito presente, falando com as pessoas e convidando-as a dar sua opinião, criando um vínculo emocional e consolidando seu relacionamento com o consumidor. A Adidas não seria capaz de cair de paraquedas e, num passe de mágica, criar relacionamentos sem ter construído nenhum vínculo, e teria muita dificuldade em arrancar clientes da Nike, porque eles teriam uma ligação emocional com a empresa.

A Adidas, contudo, não ficaria de fora por completo. Se seus gerentes canalizassem esforços da maneira correta e criassem uma campanha que realmente se comunicasse com as pessoas e fizesse os consumidores sentirem que a Adidas se importava mais com eles e com sua empresa do que a Nike, ainda poderiam ganhar terreno no aspecto emocional. Poderia levar algum tempo, mas valeria a pena.

Para variar, estou pedindo que as empresas sigam o caminho mais fácil. Criar relacionamento pessoal com os clientes oferece recompensas significativas a longo prazo, mas a empresa também receberá benefícios imediatos – melhor percepção e lealdade maior em relação à marca, aumento de indicações, maior compreensão das necessidades do cliente e retorno melhor e mais rápido do consumidor – e sofrerá poucos reveses, se houver algum. Enquanto isso, a perda ao resistir a entrar na mídia social é clara: quanto mais tempo esperar, mais a concorrência estará à frente.

Entrar em plataformas de mídia social antes dá uma tremenda vantagem, porque as pessoas se comprometem mais cedo ao explorar todas as possibilidades da mídia; há mais bate-papo, mais uso geral e menos interferência externa. Não será necessário gritar e fazer barulho para ser ouvido. Entrar primeiro em cena não é tudo, mas certamente poderá tirar o atraso; porém seu custo para entrar sairá muito mais caro e você terá de se empenhar mais.

O tipo de impressão que você está tentando causar não pode ser comprado do modo que era feito nas plataformas de mídia tradicionais. Não se trata apenas de bombardear uma imagem tantas vezes a ponto de fazer com que uma marca entre na cabeça das pessoas. Trata-se de criar relacionamentos – e isso requer tempo. Os doze meses que esperar para entrar será o tempo que seu concorrente terá gasto criando uma conexão e construindo confiança com clientes que poderiam ser seus. Nessa plataforma, não são apenas 30 ou 60 segundos de propaganda bem colocada que têm valor – todo o tempo conta, exatamente como no mundo real.

Durante os primeiros três anos e meio do ensino médio, eu estava tão absorto com meu negócio de figuras de beisebol e meu emprego na Library, que na época se chamava Shopper's Discount Liquors, que quase não convivia com meus colegas de classe. Então, em um feriado, durante a primavera do último ano, percebi que eu iria ficar de fora e só teria aquela chance para me socializar. Portanto, investi no relacionamento com os colegas. Eu sou extrovertido e tenho senso de humor, por isso rapidamente me tornei mais popular. Mas eu tenho o mesmo tipo de ligação com os colegas do ensino médio que aqueles que investiram os quatro anos fazendo amizades têm? De jeito nenhum. As amizades reais e duradouras custam investimento emocional, e demorei demais para começar a investir nisso. Os relacionamentos da mídia social e os pessoais funcionam exatamente da mesma maneira, ou seja, recebe-se o que se dá. Não é possível comprá-los, forçá-los ou transformá-los naquilo que eles ainda não são.

Quanto mais hesitar a estar presente nessa plataforma, mais terá de lutar para que funcione a seu favor. Por isso tantas marcas, principalmente as de celebridades, estão penando com ela. Muitos grandes nomes não estão no Twitter e no Facebook porque temem que, se fizerem isso agora, estarão prejudicando a sua marca mais do que ajudando. O que acontecerá se eles começarem e as estatísticas forem baixas? E se não atraírem a massa de fãs e de seguidores que julgam ter? (Os únicos que têm medo de baixas estatísticas são os que aumentaram artificialmente o seu valor e a sua popularidade.) Embora, como costumo repetir, a quantidade de pessoas com quem você tem uma conexão é muito menos importante do que a qualidade dessas conexões, é apenas a constatação de que a maioria observa essas estatísticas e o julga por elas. Baixas estatísticas poderiam afetar uma marca. Se essa plataforma funcionasse como o rádio ou a televisão, uma celebridade ou marca estabelecida poderia simplesmente comprar a base de fãs de outra pessoa para melhorar a sua imagem, do mesmo modo que as empresas compram empresas menores ou bases de dados. Mas é apenas isso; essa plataforma não funciona de modo algum como as antigas funcionavam. Mesmo que pudesse adquirir a base de fãs de outra pessoa para aumentar as suas estatísticas, elas só existem graças às amizades que foram feitas, um relacionamento inteiramente dependente de uma interação autêntica mantida entre uma marca e um cliente. A Rihanna não pode comprar os fãs de Kanye West; a Blue Bell não pode comprar os fãs de Ben e Jerry's. A Amazon pode comprar a Zappos, mas não os fãs desta última. A Amazon poderia fazer o que muitos compradores fazem: transformar a recém-adquirida empresa na empresa principal, adaptar os processos corporativos da Zappos para se adaptar aos dela, assumir os armazéns da Zappos, sugar toda a sua essência e não deixar nada inteiro a não ser o seu logo. A Amazon teria os clientes, com certeza, mas não teria o relacionamento com os clientes. Se a Zappos deixar de ser a empresa que eles conheciam e gostavam, os clientes irão embora, e a Amazon não ganharia nada com a aquisição. Felizmente, a Amazon compreende que a chave para o sucesso da Zappos é deixá-la como é e manter sua alma intacta, para que possa colher os benefícios que querem conquistar.

Só é possível alcançar o líder atirando-se na água. E daí se notarem que suas estatísticas estão um pouco baixas? Acredito que estejamos iniciando uma época em que mais pessoas reconhecerão o valor da qualidade sobre a quantidade, mas, até lá, o efeito de baixas estatísticas em relação à sua marca será como uma picada de abelha em comparação à sangria desatada que será se não fizer nada. Entre na piscina e comece a nadar melhor e mais rápido do que os outros. É possível fazer isso sendo mais autêntico e mais atencioso, criando um conteúdo melhor, mantendo-se antenado e sendo mais participativo. Sendo melhor. Você deve agir como o rapaz que se apaixona pela garota que acabou de levar um fora do amor da vida dela. Como fará para que ela o esqueça e veja que você vale dez vezes mais que ele? Com paciência, persistência e compreensão infinitas. Aja corretamente, com sinceridade, e um dia, quem sabe, ela o verá do mesmo modo como via o ex-namorado.

Todos desejam relacionar-se de maneira íntima com suas marcas. Ainda parece estranho dizer isso hoje, mas em breve não parecerá mais. O momento certo de começar a construir esses relacionamentos é agora.

4. A mídia social é apenas mais uma tendência passageira

Uma das razões por que os gerentes de empresa e de marketing estão demorando a aceitar a mídia social talvez venha do fato de que, apesar de tudo o que se diz sobre a rapidez das mudanças no mundo empresarial e de como a velocidade está em sua essência, as plataformas permaneceram visivelmente estáveis. Jornais e revistas sempre nos atraíram com manchetes e fotos chamativas por centenas de anos. Somente em 1922 o rádio deu às empresas uma nova plataforma para ser experimentada e, então, tiveram de esperar mais de duas décadas até a televisão lhes apresentar outra oportunidade, no final da década de 1940 e início da década de 1950. Depois disso, quarenta anos se passaram até a chegada da internet.

Por não estarem habituados à previsibilidade e à estabilidade das plataformas unilaterais que utilizavam, não surpreende que a maioria dos gerentes de empresa e de marketing esteja cética sobre a viabilidade da mídia social como o próximo grande *boom*. Mas há um ditado na NFL (National Football League – Liga Nacional de Futebol americano): a velocidade mata. Há dez anos, um jogador de 1,77 metro e 82 quilos nunca teria sido convocado. Hoje um zagueiro baixo, ágil e rápido, como Noel Devine, consegue entrar na primeira rodada. Isso representa o quanto a Liga mudou em uma década e modificou completamente o jogo. A mídia social mudou o jogo em muito menos tempo, tornando os níveis de comunicação que seriam impensáveis há dez anos a regra de hoje. O crescimento e as mudanças tecnológicas que vivenciamos hoje produzem um impacto mais rápido e mais profundo sobre as empresas do que antigamente. Não se pode esperar que a penetração de um produto siga o mesmo padrão que, por exemplo, teve o do *walkman* há trinta anos.

Alguns estrategistas de marketing dispensam a ideia da mídia social da mesma maneira que não acreditam no poder inerente de qualquer plataforma em especial. Afinal, em 2006, o MySpace era o máximo e, três anos depois, o Facebook tinha um número muito maior de usuários e de participação. Por que o Facebook não sofreria o mesmo destino quando a próxima plataforma for inventada? Bem, se não for tão boa quanto a mais nova, terá o mesmo destino do MySpace (embora deva ser dito que o MySpace ainda não morreu, uma vez que possuía 65 milhões de usuários exclusivos em setembro de 2010, de acordo com a empresa de pesquisa de mercado comScore). Mas isso não tem importância. Se os usuários um dia trocarem o Facebook por algo melhor, eles não vão abandonar o trem, vão simplesmente passar para um vagão mais novo. Vá com eles. Os relacionamentos que trabalhou para construir não evaporarão se seguir seus clientes e mantiver o atendimento. Há muitas amizades duradouras que começaram quando pessoas de cidades diferentes se encontraram em uma praia nas férias. Antes da mídia social, elas telefonavam umas para as outras, mandavam cartas e cartões-postais, mas, hoje, elas se adicionam. O que aconteceu na praia não precisa ficar para trás, a não ser que você prefira deixar o relacionamento morrer.

5. Precisamos controlar a sua mensagem

Adoraria que as empresas já tivessem reconhecido a estupidez dessa afirmação quando este livro estivesse sendo impresso, mas tenho a sensação de que muitas não terão. Várias empresas resistem a ter um perfil no Facebook, criar blogs ou abrir uma conta no Twitter ou no YouTube porque um cliente irado pode postar comentários desagradáveis. E daí? Prefere que o cliente faça suas postagens em outro lugar, onde você sequer terá chance de contestar? Ou em alguma página que não saberá encontrar? Se você tem tanto medo assim dos seus clientes, é melhor verificar como conduz a sua empresa.

Não é possível controlar a mensagem, pois esse navio já saiu do cais. Sim, as coisas podem ficar malucas on-line, e empresas sofrem com boatos negativos que saíram de controle, mas é pouco provável que, em casos de empresas que tenham naufragado por causa de um erro, isso tenha ocorrido somente por conta desse equívoco. Se eles se tombaram, deve ser porque havia algo fundamentalmente errado com o modelo de empresa ou com a administração, o que gerou a repetição do mesmo problema. Aquele que fez a empresa cair não foi o único problema, foi apenas a gota d'água que fez o copo transbordar.

Pequenas ou médias empresas temem não sobreviver a um passo em falso como uma megaempresa – como o Tylenol, que sofreu um revés há quase trinta anos, quando alguém colocou cianeto em suas cápsulas e enviou vidros contaminados para as lojas –, mas não precisam se preocupar.

Além de tudo, os problemas podem ser resolvidos se forem atalhados a tempo. Se você defender o seu ponto rapidamente e com sinceridade, ganhará de volta a confiança dos clientes, como Ann Taylor ganhou. Quando a LOFT de Ann Taylor apresentou suas calças de seda na página do Facebook no verão de 2010, uma onda de clientes on-line reclamou que ninguém, com exceção das modelos altas e magras, ficaria bem com elas. Para provar o contrário, os funcionários da LOFT de todos os pesos e alturas postaram suas fotos vestindo as calças. A resposta foi extraordinária: toneladas de comentários de mulheres agradecendo a LOFT por ouvi-las, algumas até admitindo que usariam a calça. Esta cliente não pôde ser influenciada, mas seu comentário ilustra por que é do interesse da marca alimentar os relacionamentos com seus clientes:

> Eu amo a LOFT e adoreeeeeei que estejam se dispondo a "ouvir" nossos comentários e apresentar essa calça em mulheres "de verdade". Espero que continuem fazendo isso daqui pra frente. No entanto, continuo dizendo que essa calça é HORRÍVEL, mas queria agradecer mesmo assim e dizer que continuo cliente da LOFT. Mas que essa calça é uma FURADA, isso é! ;)

A cliente continua detestando a calça, mas agora a LOFT sabe que tem uma crítica feroz on-line e que ela provavelmente está dizendo isso para todo mundo.

Quando comecei a trabalhar para o meu pai, toda vez que um cliente ligava ou vinha até a loja para reclamar, isso arruinava a sua vida. Ele ruborizava, ficava aborrecido, achava o fim do mundo e só queria ir para casa. Ele ficava arrasado, uma prova de quanto meu pai se importava com seus clientes (e eu o respeito e admiro muito por ser desse modo). Quando comecei a atender, fiquei empolgado quando um desses clientes infelizes ligou, porque, agora que eu sabia que havia um problema, podia tentar resolvê-lo. Eu passaria o resto da minha vida tentando resolver o problema daquele cliente, se fosse necessário. E sempre funcionava, mesmo lidando com os clientes mais FDP. Eu precisei ir até a casa do cliente mais de uma vez, inventar um jantar e servir o vinho – tudo de graça. Nesse caso, o custo de conquistar o cliente novamente nem chegava perto da receita que ele me proporcionava por ano, ou até pelo resto da vida (que é, a propósito, a grande vantagem que empresas que não estão tentando atingir médias trimestrais têm sobre as empresas públicas). Mas eu estava criando um hábito e estabelecendo a minha marca. Eu queria que meus funcionários absorvessem minha vibração e minha missão, e que elas estivessem implícitas em tudo que fizessem. É possível que eu tenha perdido oitocentos dólares para reconquistar um cliente mais difícil, mas, toda vez que fiz isso, eu ganhei, porque estava fortalecendo o DNA dos meus funcionários e da minha empresa, o que compensava financeiramente a longo prazo.

Eu nunca investia mais do que podia, então perdia apenas o que sabia que poderia gastar. Todo mundo pode medir esse tipo de serviço e atendimento, mas o melhor é que hoje é muito mais barato atender a seus clientes desse modo do que costumava ser. Antigamente, eu tinha de ir até a casa do cliente e levar vinhos para o jantar, o que fazia com que meus esforços fossem locais. Agora, posso preparar um vídeo personalizado no YouTube gratuitamente e enviá-lo pela internet, para qualquer lugar, com uma garrafa de vinho ou um crédito de cem dólares. Há muitos outros canais que podemos usar para passar as nossas boas intenções diretamente ao consumidor, com uma mensagem pessoal personalizada, impossível de se conseguir por meio de TV, jornal ou revista.

Pode-se remediar tudo, a menos que se esteja fazendo algo completamente errado. Se estiver colocando veneno de rato nos seus picles ou usando mão de obra infantil, não importa quão barato ou conveniente for o seu produto ou serviço em comparação com seu concorrente, você não sairá no lucro. Mas, se o único problema de sua empresa de picles é que a nova tampa é difícil de abrir, ou o novo sabor não caiu no gosto do cliente, você pode fazer alguma coisa a respeito.

Suspeito que até a British Petroleum tenha uma chance, e o vazamento de petróleo provocado no Golfo do México tenha sido um dos piores desastres ecológicos dos últimos tempos. As pessoas também ficaram aborrecidas com a Exxon por algum tempo na década de 1980, quando o *Valdez* colidiu e derramou óleo na costa do Alasca. A Exxon foi atingida, mas não é difícil encontrar alguns de seus postos de gasolina espalhados pelo país, mesmo com tantos postos de outras empresas que o cliente poderia escolher para reabastecer. O Tylenol ainda está firme e forte quase três décadas depois do susto com o cianeto e certamente sobreviverá aos dois *recalls* que anunciou em 2010. As pessoas ainda vão assistir a filmes com Hugh Grant. Com o tempo, se uma empresa ou marca administrar seu desastre administrativo adequadamente, a maioria vai esquecer e até perdoar.

Os empresários em geral subestimam duas coisas: primeiro, a propensão que as pessoas têm a perdoar. Eles têm medo de abrir uma página de fãs porque pensam que qualquer comentário negativo equivale à investigação jornalística do *60 Minutes* mostrando os defeitos deles para o mundo inteiro. Isso raramente acontece, e, se for sincero com seus fãs, seguidores e clientes, permitindo que vejam exatamente o que está fazendo para acertar tudo, o único aspecto que o *60 Minutes* estará interessado em mostrar será sua habilidade em lidar com a mídia social.

Segundo, eles subestimam o detector de bobagem das pessoas. Eis por que nunca funciona quando uma marca faz um esforço para fazer com que as pessoas retuítem uma campanha como: "Passe adiante esta mensagem para que eu possa fazer uma doação para o Haiti", ou tente fazer com que alguma mensagem se espalhe. Não é possível espalhar uma mensagem. A única coisa que se pode fazer é apresentar um bom conteúdo e, se for bom, ele se espalhará sozinho (repito: faça sua doação para o Haiti e fique quieto!).

O melhor que poderá fazer para sua marca e sua empresa é certificar-se de dizer a verdade para quem quiser ouvir. Você aceita que os comentários negativos apareçam em sua página e cada um que fizer uma reclamação é um cliente com quem poderá falar. O cliente que se deve temer é aquele que não gosta do serviço ou do produto, não diz nada e nunca mais volta; esse, sim, deve tirar seu sono. Você não sabe como reconquistá-lo e, possivelmente, jamais saberá que perdeu um cliente. Aquele que escreve no Twitter: "Odeio você!" é o melhor cliente de todos. Se puder atender a necessidade desses clientes, eles voltarão mais ávidos do que antes. Todas as vezes.

Fazer o que os outros esperam não quer dizer afundar no chão toda vez que alguém fizer um pedido incomum ou ameaçar enviar uma mensagem desagradável pelo Twitter. Você precisa ouvir seus clientes, mas não é para obedecer suas ordens. Mesmo que não consiga atendê-los em tudo o que eles querem, poderá deixar claro que gostaria de atendê-los, se pudesse. Você pode manifestar sua tristeza diante do fato de que alguém está insatisfeito com o resultado de sua compra ou atendimento de serviço e poderá lhe oferecer uma alternativa. (Para um exemplo de como um CEO deve falar com um cliente insatisfeito, veja o e-mail de John Pepper, da Boloco, adiante). Muitas vezes, os clientes fazem críticas porque acreditam que seja a única maneira de conseguir atenção – como diz o ditado: "Quem não chora, não mama".[2] Ouça-os, atenda-os e explique o que fez. Toda vez que assumir os problemas, conseguirá minimizar o impacto da insatisfação em relação à sua empresa. A negatividade lançada on-line por despeito será facilmente determinada como tal se você for educado e se sua mensagem for clara e consistente. Não se dê ao trabalho de entrar em uma discussão, mesmo que esteja certo, pois não vale a pena o esforço e, além disso, não fará com que vença.

O maior problema que terá ao oferecer um bom atendimento é acostumar mal os seus clientes. Os meus esperam muito de mim, e eles devem esperar mesmo. Às vezes, eles pedem demais, e, quando fazem isso, eu lhes dou uma indicação. Por exemplo, alguns clientes locais me informaram há pouco

---

2. O excesso de atenção que damos aos bebês famintos contribui para muitas das falhas de hoje. Eu sei que sou responsável por fazer coisas assim quando comecei a usar a mídia social, mas temos de nos assegurar de focar nos potenciais defensores de nossas marcas, especialmente as minicelebridades, e não nos deixarmos levar pelo pequeno percentual de problemas com o qual por vezes temos de lidar.

tempo que estavam aborrecidos pelo fato de que a Wine Library iria oferecer frete gratuito em nossa página correspondente, a Cinderellawine.com, porque significava que os de fora conseguiam mais vantagens que os locais. Mas expliquei que eles tinham a loja física. Os clientes em San Francisco (que às vezes compram muito mais do que os locais) não podem fazer degustação, não podem parar na loja para ver as novidades ou conversar com os atendentes, não podem experimentar os queijos servidos gratuitamente e outras guloseimas que disponibilizamos. Acredito piamente que todas as regalias são compensadas e que todos que compram comigo conseguem fazer um bom negócio. Depois que expliquei meu ponto de vista, alguns dos clientes locais entenderam a minha opinião e a questão foi resolvida. Nem todos ficaram satisfeitos com a minha resposta, mas tenho certeza de que todos gostaram do fato de eu ter me esforçado para responder o mais detalhadamente possível. Tratei os clientes insatisfeitos como eles deveriam ser tratados – como clientes valiosos!

Se eles quisessem, poderiam ter falado mal de mim ou da minha loja no Facebook e no Twitter, mas não o fizeram, porque mantive um diálogo honesto e civilizado. E, se tivessem feito isso, não me preocuparia muito. O genial em relação às plataformas de mídia social é que, não importa o que alguém decide falar de você, você pode esclarecer os fatos na sua página, no seu blog e nos seus tuítes. Qualquer um pode acompanhar os fatos e diálogos à medida que acontecem. Todos podem assistir à troca de informações e fazer seu próprio julgamento. Contanto que esteja ali, e continue sendo honesto, educado e compreensivo na medida do possível, não terá nada a temer de alguém que venha reclamar. Os bons modos exigem que se trate os clientes com respeito o tempo todo. Pode ser que não se consiga controlar mais a mensagem, mas poderá controlar o tom com que a mensagem é apresentada.

Controlar a mensagem deles e sua imagem explica por que tantas empresas ainda se recusam a permitir que seus funcionários publiquem nos blogs da empresa e tuítem sobre seu trabalho. Compreendo o temor delas, mas não há motivo. De fato, talvez não haja modo melhor de ter certeza de ter contratado as pessoas certas. Permita que seus funcionários falem livremente, deixe-os dizer o que pensam, porque então terá uma imagem mais clara de quem eles são e o que pensam sobre a sua empresa. Se fizerem postagens inteligentes e positivas, já vale alguma coisa. Todavia, se as postagens forem negativas, também valerá alguma coisa, se você souber perguntar e ouvir por que pensam assim. E, se você descobrir que eles são grosseiros, rudes ou apenas estúpidos, e observar que o trabalho deles não é tão bom quanto deveria ser, verá que eles não deveriam trabalhar em sua empresa.

6. Não tenho tempo para acompanhar o que todo mundo fala e não tenho dinheiro/ não quero pagar alguém para fazer isso

Qualquer um que desconsidere um cliente está fadado ao desastre. Os cliente têm poder, e o que eles dizem importa. Não se pode mais reservar a atenção e o cuidado apenas para os melhores, mais rentáveis e desejáveis clientes, uma vez que temos as ferramentas à nossa disposição para aumentar exponencialmente esse tipo de atenção a todos, e seus clientes esperam que você as use. Seus maiores clientes e fregueses casuais partilham do mesmo ecossistema, em que as informações de como os clientes são tratados podem facilmente se espalhar a centenas de outros clientes atuais e potenciais. O que é muito.

Se trabalhar sozinho em sua empresa e quiser aumentar os seus negócios, terá de arrumar tempo para acompanhar conversas, porque simplesmente não poderá deixar de fazê-lo. Entrar na conversa é tão importante quanto ter um site, e fazê-lo pessoalmente é o ideal. Se estabelecer o tom e a voz da sua marca como quiser, criará uma base sólida para alguém seguir quando tiver de delegar a tarefa ou dividi-la com alguém. Porque, no final, se fizer do jeito certo, vai precisar de ajuda. Houve uma época em que as empresas julgaram que precisariam apenas de uma pessoa no departamento de tecnologia da informação (TI); contudo, à medida que as empresas cresceram e aumentou a importância do conhecimento de TI, o departamento também cresceu. Será necessária uma pessoa no departamento de Mídia Social e, no fim, quando vir o retorno do seu atendimento personalizado, você contratará dez pessoas. Será o maior departamento de sua empresa – um grupo defendendo algo que eles adoram, atendendo pessoas que amam ou odeiam a marca. Não consigo pensar em um trabalho melhor. Se não tivesse uma veia empresarial, estaria inclinado a ganhar para defender uma boa empresa todos os dias.

Se sua empresa for de médio ou grande porte, ou se não puder responder a todas as demandas sozinho e precisar delegar as tarefas a alguém, provavelmente não terá de contratar um novo funcionário, pois esse é o momento de verificar como distribui seus recursos. É muito provável que esteja perdendo dinheiro em algum lugar. Talvez seu estoquista seja preguiçoso, como também pode ser que haja gerentes que saiam mais cedo para jogar golfe às sextas-feiras ou um diretor-geral que ainda esteja vivendo os idos de 1998. Você poderá contratar um diretor-geral melhor e mais ágil por um salário mais baixo e usar o orçamento de sobra para começar seu novo departamento de Mídia Social (que será totalmente diferente e separado do seu departamento de Atendimento ao Cliente, que mistura as qualidades do departamento de relações públicas e marketing, mas que deve permanecer autônomo). Torne-se ágil e eficiente. Pense em despedir quaisquer funcionários que não colaborem com 100 por cento de seus esforços para o seu emprego e substitua-os por pessoas que se importem tanto com sua empresa quanto você. Se detectar desperdício de tempo, esse é o momento que deverá ser usado para interagir com os clientes e trazer algo de valor para a empresa. Está perdendo tempo pensando em como coordenar os horários de dez pessoas para que estejam presentes a uma reunião? Pense num modo de eliminar idas e vindas, ou melhor, elimine as reuniões. Excesso de reuniões é apenas um modo de dividir a responsabilidade em tomada de decisões e inventar estatísticas que justifiquem os erros. Faça com que todos da empresa, incluindo você, assumam as decisões; facilite para que usem o próprio julgamento, sem precisar correr para pedir aprovação a toda hora, e economizará inúmeras horas que agora poderão ser gastas ouvindo a opinião dos clientes.

7. Estamos indo bem sem isso

Se ouço algo assim, digo que é argumento de um fracassado. Sabemos que já foi possível trabalhar sem copiadoras, sem secretária eletrônica, sem computadores e sem celulares. Somos adaptáveis.

Como sabe que "tudo está indo bem" se não colocar a cara para fora para ouvir seus clientes e perguntar o que eles acham? Lembre-se também de que o cliente que não diz nada pode ser uma ameaça muito maior do que aquele que senta e reclama. Tudo pode estar bem e, de repente, não estar mais. Se confiar em números para diagnosticar a saúde da sua empresa, estará se relacionando com fatos e dados que já ocorreram. Se confiar em questionários ou pesquisas para colher informações, ainda assim estará obtendo uma única resposta. Mas, se estiver se relacionando com seu cliente em tempo real, conversando com ele e fazendo perguntas para esclarecer algumas questões, você conseguirá obter detalhes e explicações, dirimindo qualquer problema que surja antes que se complique. A mídia social é ideal para apagar incêndios, mas apagar incêndios a toda hora é cansativo e muito difícil; sobretudo, impeça que as fagulhas voem alto.

Qualquer empresa que julgue que tudo está "bem" merece fechar, pois isso significa literalmente que seus diretores deixaram de se importar, visto que uma empresa competitiva está sempre no ataque. Sempre, sempre, sempre.

8. Nós já tentamos, mas não funciona

Essa declaração me dá vontade de arrancar os cabelos, pois é muito frustrante. Demonstra total falta de paciência, o que não faz sentido no ambiente comercial. Muitos diretores de empresa têm vontade de experimentar a mídia social. Eles fizeram comentários e tuitaram como doidos por seis meses, ou, pior, por seis semanas, e não viram nenhum resultado. O tráfego na internet não aumentou o suficiente, as vendas não tiveram pico, a satisfação não se espalhou. Diante de resultados desanimadores, eles se conformaram em ter tentado algo novo e, então, desistiram. Se forem positivos, atribuirão o fracasso ao fato de terem entrado muito cedo em uma plataforma imatura, mas a maioria está convencida de que a plataforma é um engano e que não vale a pena o esforço. Eles se parecem com aquelas pessoas que, sem nunca ter visto uma bicicleta, tentam pedalar com as mãos e a colocam de lado, dizendo que é uma perda de tempo e que a bicicleta é pouco prática como meio de transporte.

A mídia social é um jogo de longo prazo, motivo pelo qual a maioria das empresas que tentou não obteve sucesso ao tentar atingir o seu potencial. A falha, no entanto, não está entre os diretores e gerentes de empresa. Na verdade, não é culpa de ninguém. O problema é que o sistema empregado para a tomada da maioria das decisões empresariais não funciona. Como a pesquisa da Wharton mencionada no Capítulo 1 esclareceu, até que gerentes e diretores sejam recompensados por planejar a longo prazo em vez de a curto prazo – ou, pelo menos, além do planejamento a curto prazo –, não haverá incentivo para ser paciente. Não se podem colher os benefícios da divulgação na mídia social sem uma tonelada de paciência, muito menos sem estratégia e engajamento.

9. As questões legais são espinhosas

Minha atividade de vinho e bebidas em geral é altamente regulada e sei quantos desafios podem surgir quando uma empresa tenta fazer algo novo. Você deve ter um departamento jurídico para proteger sua empresa, cujo trabalho é ser conservador e avesso a riscos... a fim de mantê-la o mais segura possível. Por isso a mudança tem que vir de cima. Apenas o CEO ou outro diretor da empresa pode se reunir com o departamento jurídico e dizer: "Esta empresa está entrando na mídia social. Em vez de procurar os defeitos inerentes, vamos descobrir como correr o menor risco para torná-la possível". Se você trabalha no setor médico, farmacêutico ou financeiro, é provável que não tenha o tipo de abertura de que as outras atividades desfrutam, mas os diretores dependem somente de si mesmos para permitir que sua empresa e sua marca avancem. Tive o privilégio de prestar algumas consultorias nesses setores e posso dizer que essas empresas somente avançam se isso fizer parte de sua natureza. Cada departamento jurídico tem seu próprio modo de agir, da mesma maneira que o presidente da empresa, e, no fim, a empresa deve refletir a alma de seu dono, não de seus advogados. Comece a mudar a partir do topo e permita que a filosofia do bom atendimento se infiltre em todos os níveis da empresa. Evidentemente, as considerações éticas e jurídicas são importantes na mídia social (talvez mais do que nunca, graças à sua transparência inerente). Mas aceitar a pressão para desistir sem tentar, sem explorar todas as possibilidades, é indesculpável, especialmente quando os clientes se sentem excluídos de muitas dessas atividades. Os primeiros a se movimentar nesses setores colherão os maiores benefícios.

10. Demora muito para dar retorno

Esse é um argumento difícil de derrubar. Embora tenhamos prova de que há retornos no curto prazo, os benefícios do relacionamento com os clientes, em geral, levam algum tempo para se materializar. Não posso dizer aos gerentes de marca ou aos vice-presidentes ou presidentes de empresa que têm estatísticas na mão que eles devem relevar esses números pelo bem da empresa no longo prazo. Não importa quanto os diretores e gerentes possam filosoficamente concordar que interagir com seus clientes seja bom; sem prova de que investir no relacionamento realmente produzirá maiores lucros e melhores retornos trimestrais, a maioria não acreditará. Como podem, quando suas remunerações estão diretamente ligadas aos resultados trimestrais? Os benefícios a longo prazo de relacionamento com os clientes irão praticamente perder para a realidade a curto prazo, motivo direto para quererem manter o emprego.

É pouco provável que muitos que leiam este livro digam depois: "Você está certo. Vamos abandonar todas as demais mídias e apenas tratar do atendimento direto ao cliente". Mas o fato é que a mídia social é uma maratona – não se pode cruzar a linha de chegada sem paciência e determinação. Por isso a diversificação é tão importante. Sei que há um lugar para a mídia tradicional em um orçamento de marketing bem planejado, mas, no mix de marketing de hoje, ela está muito cara. Vou repetir: nesse ambiente de alto consumo de conteúdo, acredito que a maioria da mídia tradicional esteja acima do preço. Se você vir outdoors anunciando este livro, saiba que consegui um precinho da hora. Tire 3 por cento, 5 por cento ou 10 por cento daquilo que normalmente aplicaria à mídia tradicional e aloque na mídia social. Encontre mais recursos reduzindo o enorme desperdício de tempo e dinheiro em geral gastos para explicar por que suas campanhas não estão funcionando do modo esperado apenas para torrar mais dinheiro nas mesmas velhas plataformas. Você verá que, quando feita da maneira correta, a mídia social é uma das plataformas disponíveis mais eficazes e baratas.

Uma pequena empresa poderá vencer a guerra apenas confiando na mídia social, mas uma empresa maior deverá pensar na mídia social como a Unidade de Comando Naval de suas Forças Armadas. Pequena, objetiva e altamente eficaz quando desenvolvida, não se lança para vencer a guerra sozinha, mas, sem ela, as tropas estarão em grande desvantagem.

Digamos que você gaste 750 mil dólares em mídia, focando um público-alvo bem definido e geograficamente delimitado, e veja suas vendas subirem 4 por cento. Compre mais 750 mil dólares de mídia, desta vez assistindo a um aumento de 2 por cento. Então você recua e gasta seis meses em uma nova campanha antes de lançá-la novamente para o mesmo público-alvo, despendendo os mesmos 750 mil dólares. Toda vez que você quiser que seu público ouça a sua mensagem, isso lhe custará a mesma montanha de dinheiro.

Compare isso a gastar 750 mil dólares para lançar uma campanha de mídia social bem planejada, certeira e estratégica – fazendo blogs, comentários, tuitando um bom conteúdo e pedindo interação em todos os níveis possíveis. Agradeça a todos que disserem algo positivo sobre você, dê atenção a cada reclamação, responda a cada uma das perguntas e corrija todos os mal-entendidos. Suas vendas sobem 2 por cento. Você continua com a bola rolando e nunca descansa, apenas mantém a sua mensagem afinada e vai se adaptando às necessidades de seus clientes. Você lhes dá o que pedem, e não há nenhum outro gasto adicional a não ser o salário da equipe responsável pela campanha. Seis meses depois, os lucros continuam aumentando ao solidificar a lealdade dos consumidores. Seu crescimento é de 13 por cento. E, ainda, o único gasto adicional são os aumentos que oferece para a sua equipe e os salários das novas contratações que fez para fortalecer sua presença na mídia social.

Um anúncio ou uma aparição no *Today Show* ou em uma entrevista na TV é um tiro único. Você administra a onda de atenção resultante por algum tempo, mas em geral é preciso gastar mais dinheiro para manter o interesse vivo. Quando feita corretamente, a mídia social, embora consuma mais tempo para formar uma base de dados de e-mails, de fãs e de seguidores no Twitter, por fim, fornece-lhe uma oportunidade infinita de falar com os consumidores tantas vezes quanto quiser, ou melhor, tantas vezes quanto eles quiserem.

11. A mídia social funciona apenas para apresentações, estilos de vida ou marcas tecnológicas

Uma empresa de concreto não tem o mesmo prestígio para trabalhar como uma empresa de vestuário, com toda certeza. Mas, de qualquer modo, você só pode vender para sua base de clientes. A missão da empresa de concreto não é fazer com que o maior número de pessoas possível compre concreto, mas sim atrair o maior número de pessoas que precisam de concreto para que comprem concreto. E o maior desafio, que oferece o maior potencial de crescimento, é atingir as pessoas que ainda não sabem que precisam de concreto. Portanto, não se limite acerca de concreto, mas fale também sobre construção, ampliação, reforma, imóveis, estacionamentos, ou sobre qualquer outro lugar onde o concreto costuma ser usado.

As pessoas se enganam ao pensar que apenas iniciantes, empresários ou empresas de tecnologia conseguem fazer a mídia social funcionar para eles (muitos fazem um péssimo trabalho – um estudo mostrou que 43 por cento das marcas tecnológicas de maior crescimento do Reino Unido presentes no Twitter nunca responderam a um tuíte).[3] Ser pequeno é uma vantagem, porque uma pessoa pode moldar uma marca com seu próprio estilo e sua personalidade, mas uma grande empresa pode dimensionar o relacionamento pessoal para um público maior, porque possui recursos suficientes para treinar pessoas a fim de estabelecer bate-papos.

É verdade que alguns produtos são mais atraentes que outros, mas também é verdade que, se não houvesse demanda para o seu produto, você não

---

3. Não importa se o estudo foi realizado no Reino Unido. A maioria das marcas americanas é culpada de fazer de suas contas no Twitter nada mais que um quadro de avisos digital. Veja o artigo "Tech Companies Miss the Point of Social Media", de 5 de agosto de 2010, disponível em: <http://www.techeye.net/internet/tech-companies-miss-the-point-of-social-media>.

teria sua empresa. Não me preocupo com fio dental, mas é possível que, se você fizer com que pense nos meus dentes, eu comece a pensar neles, e, mesmo que eu não lhe dê a chance de falar sobre higiene bucal, é possível que meu dentista esteja on-line falando sobre isso. Fale com ele e seu fio dental poderá estar na minha bolsa da próxima vez que eu for fazer meu checkup semestral. (A propósito, no Capítulo 12 você poderá ver um exemplo real de como a dra. Irena Vaksman, uma dentista de San Francisco, usa a mídia social para conversar com seus pacientes.)

Se não for apaixonado o suficiente pelo que a sua empresa faz para encontrar assunto todos os dias, por infinitas horas, com o maior número de pessoas possível, talvez esteja no ramo errado. Converse sobre assuntos gerais, se for preciso. Nem todo mundo torce pelo mesmo time, mas todo mundo gosta de futebol. Quando comecei, eu não tinha um nome reconhecido no mercado, então não falava sobre Gary Vaynerchuk ou sobre a Wine Library – falava sobre Chardonnay. A mídia social lhe dá a oportunidade de desenvolver a sua empresa ao máximo, portanto, agarre-a.

A resposta é sempre a mesma

Acredito que estejamos entrando em uma era de ouro para as empresas. Levou muito tempo para as pessoas reconhecerem o valor do capital intelectual, cujos ativos intangíveis não aparecem em uma planilha, não podem ser controlados e muito menos ser expressos em dólar. Hoje se sabe que o capital intelectual faz parte da espinha dorsal de toda empresa e vale a pena ser protegido. Enquanto a capacidade de formar relacionamentos sempre foi considerada um substrato do capital intelectual, a mídia social catapultou essa capacidade em um fator para o enriquecimento. No futuro, as empresas com grande "capital de relacionamentos" serão bem-sucedidas. A sociedade está criando um ecossistema que recompensa as boas maneiras, a sensibilidade, a honestidade e a integridade. Daqui a dez anos, toda empresa terá um diretor de cultura contratado e, se for grande o suficiente, uma equipe dedicada a estabelecer relacionamentos pessoais, e todas as questões discutidas anteriormente terão sido resolvidas de um modo ou de outro. As estatísticas e os padrões que pareceram experimentais ou suspeitos serão estabelecidos e aceitos, exatamente como aqueles que usamos por tantos anos para medir as plataformas de marketing tradicional.

No final, não importa quais obstáculos uma empresa enfrente na Economia da Gratidão, a solução será sempre a mesma. Os concorrentes são maiores? Atenda melhor que eles. Eles são mais baratos? Atenda melhor que eles. Eles são famosos e você não é? Atenda melhor que eles. A mídia social lhe dá as ferramentas para alcançar o seu cliente e criar uma emoção que não existia antes. Não importa se não for bacana ou atraente – as pessoas podem gostar de qualquer coisa. Quer dizer, quem poderia ter previsto o cara vestindo um *trench coat* e triturando um iPhone em um liquidificador? (Sério, se não viu, veja willitblend.com. É fantástico!)

Há uma coisa que o entrevistador da Câmara do Comércio em 1997 disse corretamente: no final, as empresas que estabelecerem bons relacionamentos com seus clientes sairão por cima. É muito triste que tantas empresas tenham ficado de fora enquanto a Economia da Gratidão se formava, mas, agora que ela chegou para ficar, a competição é igual para todos.

PARTE II

Como vencer

CAPÍTULO 4

Partindo do começo: insemine a cultura certa

Eu posso dizer o dia em que a Economia da Gratidão passou a ser de conhecimento público. Foi dia 22 de julho de 2009, uma quarta-feira. Dia do anúncio da compra da Zappos pela Amazon, por 1,2 bilhão de dólares.

Jeff Bezos é um cara esperto, embora eu tenha ouvido mais de um capitalista dizer que Zappos havia aplicado um golpe. De modo algum uma empresa de venda on-line poderia valer tanto dinheiro, disseram. Mas a Zappos não estava acima do preço, e Bezos sabia exatamente o que estava fazendo.

Ele não diz explicitamente isso no vídeo do YouTube que gravou para explicar a aquisição. O que ele diz é o seguinte: "Fico emocionado quando vejo uma empresa obcecada pelo cliente, e a Zappos certamente é esse tipo de empresa". Ele também diz que acredita que a Amazon e a Zappos são compatíveis, porque ambas são obcecadas pelo bom atendimento (embora, como Tony Hsieh aponta na carta que escreveu aos funcionários da Zappos para anunciar o acordo, elas façam isso de maneiras diferentes). O que ele disse, especificamente, foi: "Quando temos de escolher entre a concorrência e os clientes, nós [a Amazon] focamos nos clientes".

Bezos não pediu o meu conselho, mas eu vou dar assim mesmo. Se ele ou qualquer outro quiser dominar a Economia da Gratidão, há outra obsessão que ele deve focar que não está mencionada nesse vídeo. O sucesso da Economia da Gratidão realmente depende, sim, de se importar a todo o momento com o cliente, mas a habitualidade desse bom atendimento vem da direção da empresa e derrama-se por ela como uma cachoeira. Se quiser que essa cultura atinja seu cliente e seja levada pelos quatro ventos no boca a boca, é preciso certificar-se de que seus mensageiros vivam e respirem essa mesma cultura. Portanto, a obsessão dominante de qualquer diretor de uma empresa dentro da Economia da Gratidão não deve ser a concorrência, nem o atendimento ao cliente, mas sim seus funcionários.

Administração individualizada

A Zappos possui um ambiente de trabalho incrível. Há comida gratuita na lanchonete, uma biblioteca e um monte de funcionários satisfeitos. Eu aposto que a maioria das empresas elogiadas por terem um bom atendimento ao cliente também são excelentes lugares para se trabalhar. É muito difícil para os funcionários prestarem um bom atendimento ao cliente quando não estão satisfeitos o bastante com seu emprego. As regalias da Zappos, no entanto, e outras que são oferecidas em outras empresas, como folgas nas sextas-feiras ou um brinde no quinto ano de trabalho, não é o que traz satisfação aos funcionários. Acho que posso dizer que a Vaynermedia é um excelente lugar para se trabalhar, mas somos vinte pessoas comprimidas em um escritório apertado e não oferecemos lanches de graça, nem largamos cedo às sextas no verão. Faço minha equipe trabalhar até a exaustão, mas mesmo assim sei que ela está satisfeita, porque, embora as regalias façam o funcionário pensar duas vezes antes de pedir demissão, há apenas duas coisas que fazem com que os funcionários se sintam muito, muito felizes e optem por continuar no trabalho.

A primeira coisa que faz um funcionário feliz é ser bem tratado. Isso significa que, até ele provar que não é digno de confiança, poderá trabalhar como achar mais conveniente. A segunda é uma sensação de que suas necessidades pessoais estão sendo atendidas (o que é raro). Conquistar esse tipo de satisfação entre os funcionários exige que os diretores da empresa se aproximem deles da mesma maneira pessoal como fazem com seus clientes. Até agora, nem todas as empresas venceram esse desafio. Parece assustador, mas não deveria apavorar. É meramente uma questão de estabelecer uma cultura de bom atendimento desde a direção da empresa e aplicar os princípios da Economia da Gratidão interna e externamente.

Por exemplo, na Vaynermedia, recentemente estabelecemos uma nova regra para as férias: não há nenhuma regra. A regra é tirar férias tão longas ou tão curtas quanto quiser. No início, isso deixou todo mundo meio ressabiado. O que seriam férias longas? Então minha equipe percebeu que eu estava falando sério e que eles não seriam condenados pelo tempo que tirassem de férias. Alguns tiraram férias bem longas, outros não. O importante é que todos decidiam sozinhos de quanto tempo de férias precisavam para ter um melhor desempenho no serviço, o que significa dedicar-se aos nossos clientes, aos colegas e à marca. Não vejo como poderia decidir isso por eles. Alguns têm filhos, outros não. Alguns têm família que vive perto deles, outros precisam viajar muito para visitar seus parentes. Alguns precisam apenas de um pouco mais de descanso para recarregar as baterias.

Eu sigo algumas regras básicas. Sou fissurado por trabalho em equipe, então não contrato ninguém que queira trabalhar regularmente de casa. Precisamos estar disponíveis quando nossos clientes estão trabalhando, o que significa que gerentes de projeto precisam estar no escritório desde as 9 horas, e a equipe executiva deve começar a trabalhar a partir das 10h30. Mas, além desses parâmetros, deixo minha equipe gerenciar seu próprio tempo. Que diferença faz a hora que eles saem, ou quanto tempo tiram de férias, se estão disponíveis quando eu, seus colegas ou os clientes precisam deles, se estão trabalhando 110 por cento o tempo todo e estão atingindo metas?

Importo-me mais com meus funcionários do que com meus clientes, e me importo mais com meus clientes do que comigo mesmo. Sou uma pessoa sensível por natureza e, no trabalho, ajo como a galinha atrás de seus pintinhos (extremamente competitiva, com certeza), em cima dos meus funcionários, falando com eles e, se possível, garantindo que tenham o suporte e os recursos para resolver quaisquer problemas que enfrentarem. Criei a prioridade de saber o que está acontecendo profissionalmente e também pessoalmente com todos na equipe. O diálogo constante, que me garante saber que meus funcionários sentem que têm permissão para ser bem-sucedidos, tornou mais fácil verificar quem não está fazendo o que deve ou quem não tem o perfil para o trabalho. Graças à comunicação criada pela cultura franca, de confiança e de bom atendimento da empresa, no entanto, raramente precisei mandar alguém embora.

Infelizmente, os funcionários da Wine Library provavelmente se beneficiaram mais com esse tipo de atenção do que os da Vaynermedia. Tive de viajar muito mais desde que fundei a Vaynermedia e tem sido impossível me aproximar de cada um para conhecê-los melhor e saber do que precisam. Eu me esforço – hoje sou um esportista experiente. Mas, na Wine Library, comecei com eles. Quero realizar o mesmo na Vaynermedia e pretendo fazê-lo assim que puder.

Como você pode ver, até eu, que dirijo empresas relativamente pequenas, sinto que é difícil manter o tipo de aproximação pessoal dos funcionários necessária na Economia da Gratidão. Como ela poderia ser incorporada a uma empresa maior? Algumas provaram que é possível. A Zappos excedeu-se ao criar uma cultura empresarial centrada no funcionário, e há outras que tomaram iniciativas e se deram bem ao dar liberdade de ação aos funcionários, como a Best Buy, com sua Twelpforce, que está no Twitter. No fim, as empresas em melhor posição de dominar adaptarão muitas ideias dessas empresas e as elevarão a outro patamar. Prevejo que um dia toda empresa terá, juntamente com o CEO, o CFO, o COO e o CSO, alguém com um título de CCO (*chief cultural officer* – diretor cultural executivo) cuja atribuição será verificar as necessidades de cada funcionário da empresa, o que não significa conhecer as necessidades de cada funcionário, pois isso seria ainda atribuição do RH. Conhecer suas necessidades e atendê-las da melhor maneira não por meio de papo-furado nem de gratificações, mas por meio de objetivos individuais, estratégias para o futuro e confirmação constante da satisfação do funcionário. Eu adoraria ter um emprego desses. Se não quisesse comprar o New York Jets, estaria enchendo a paciência de todas as empresas relacionadas na *Fortune 500* para que eu criasse o cargo de CCO e tivesse a chance de lhes mostrar a diferença que faria ter uma pessoa nesse cargo refletida em seu resultado anual. Todos sabem que a movimentação de pessoal custa uma fortuna às empresas, mas o salário de um CCO facilmente pagaria a si mesmo apenas com o montante de dinheiro economizado com menor recrutamento e com os recursos de reciclagem de profissionais. O que as empresas não percebem é quanto dinheiro economizariam se os funcionários amassem seu trabalho, trabalhando mais e durante mais tempo. Com um CCO na equipe para ajudar a assegurar a cada funcionário que ele tem um motivo para confiar em seu empregador, as empresas poderiam se ver menos manipuladas por uma equipe dedicada centrada em seu trabalho, e mais por um grupo devotado a uma causa.

Porém, para uma média empresa, ser um CCO eficiente exigiria conhecer um grande número de pessoas individualmente, não é? Com certeza. Seria factível se todos os outros grupos de construção cultural de uma empresa que aplica a Economia da Gratidão já estivessem estabelecidos.

Grupos de construção cultural

Essa construção só seria possível se a liderança da empresa se dedicasse a fazê-la, é claro. Se um diretor se dedicasse a isso, eis como poderia ser feito:

1. COMECE POR VOCÊ MESMO. Como a cultura em uma empresa vem de cima, espera-se que o alto executivo tenha bom-senso de quem ele/ela é. Uma autoconsciência bem enraizada faz com que a cultura também tenha raízes fortes. Saber quem você é e conhecer as qualidades que o tornaram bem-sucedido até o momento, seja como CEO, diretor ou gerente de nível médio, é extremamente importante para desenvolver, sustentar e difundir a cultura da empresa. Só dará certo se você defender as próprias ideias. Se for uma pessoa formal, não tente parecer moderninho. Se a empresa for conservadora, continue sendo uma empresa conservadora; apenas seja uma empresa conservadora que

pensa em seus funcionários em primeiro lugar e depois nos clientes, acima de tudo. Há um modo de fazer isso sem instalar uma mesa de pebolim ou permitir que usem sandálias de dedo. Detesto quando as empresas fazem uma plástica no escritório e criam um salão ou um andar no qual os funcionários podem jogar Nintendo Wii e comer Twizzlers de graça, como se quisessem dizer: "Vejam como somos descolados. Sabemos do que os garotos gostam!" Diretores antenados não perdem muito tempo ou dinheiro tentando parecer algo que não são.

Além disso, diretores precisam se engajar na Economia da Gratidão antes de convencer os outros a fazê-lo. Apenas quando estiver internalizado e aplicado em suas estratégias ele poderá difundir o conceito em sua empresa ou em seu departamento. A Economia da Gratidão está baseada na autenticidade, e ela deve começar por você.

2. Comprometa-se inteiramente. Não se pode esperar um gasto considerável do orçamento de marketing da empresa no atendimento ao cliente – iniciativas caras de mídia social da noite para o dia podem funcionar, mas a atitude mental pode ser adotada em um milésimo de segundo. O compromisso mental é provavelmente até mais importante do que o compromisso financeiro, em particular nos primeiros estágios da preparação da empresa para a Economia da Gratidão. Afinal, haverá obstáculos, desvios e barreiras ao longo do caminho, mas, se os dirigentes da empresa persistirem em sua determinação de criar uma cultura de atendimento especial, nenhum desses obstáculos segurará a empresa por muito tempo. Ao mesmo tempo que você está incutindo a cultura de bom atendimento ao cliente na empresa, poderá analisar de perto seus gastos, para poder adotar uma abordagem prática a fim de descobrir o dinheiro necessário para implementar iniciativas de mídia social autênticas e criativas. Pare de gastar às cegas, reexamine sua equipe, comece a negociar os melhores acordos e revisite as agências e os fornecedores com quem trabalha. O dinheiro está lá; apenas está sendo gasto nos lugares errados.

3. Determine o tom. Tão logo os diretores se comprometam a construir uma filosofia de atendimento, precisam enviar uma mensagem direta sobre

o que pretendem fazer. Os funcionários devem ser capazes de sentir a diferença imediatamente, seguindo o exemplo de seus diretores quanto ao tipo de cuidado, preocupação e interação individual com os clientes que terão de apresentar.

John Pepper, o CEO da Boloco, uma rede de lanchonetes de burritos com sede em Boston, fez isso de maneira brilhante. Internamente, ele e seus cofundadores deixaram claro que o bem-estar e o futuro dos funcionários da Boloco estavam acima de tudo, desde prover assistência médica a todos os funcionários que trabalham em tempo integral e com maior carga horária até oferecer aulas de inglês e espanhol para toda a equipe, em um esforço para melhorar a comunicação dentro da empresa e permitir que funcionários que não dominassem o inglês pudessem ascender a cargos de maior responsabilidade. Seus funcionários podem vê-lo como modelo a seguir. Sua participação na mídia social apresenta vários exemplos do tipo de interação pessoal e interessada que ele espera que os funcionários tenham com os clientes. Por exemplo, ao procurar no Twitter pela palavra "Boloco", ele encontrou uma pessoa sentada diante da loja situada na Boston Commons, reclamando que a música estava muito alta. Ele alertou o gerente, que imediatamente diminuiu o volume e, em seguida, saiu para se certificar de que a altura da música estava de acordo com o gosto da cliente.

O que aconteceu em seguida deveria provar o impacto da Economia da Gratidão:

- A cliente satisfeita mandou uma nova mensagem no Twitter, elogiando a Boloco pelo seu serviço de atendimento ao cliente.
- Muitos dos seus seguidores começaram a tuitar sobre o que tinha acabado de acontecer.
- Ela então escreveu uma mensagem inteira no blog sobre o fato, que pode ser lida sob o título "Música, burritos e o impacto de um tuíte" no blog *Rachel Levy: Social Media and Marketing*.
- A história foi recontada em um livro.
- Muito mais pessoas agora conhecem a Boloco e seus incríveis burritos.

Você gostaria de apostar um dólar na mídia que a Boloco ganhou por meio de um grande gesto de atendimento ao cliente? (Espero que tenhamos muitas, porque significa que muita gente comprou este livro!)

Mais acentuadamente, Pepper estabelece o tom ao sair de trás dos muros corporativos, onde a maioria dos diretores se esconde. Pode-se ver isso no modo sensível como responde aos comentários dos clientes. Um exemplo perfeito e louvável é a carta que ele escreveu a um cliente decepcionado porque a Boloco havia tirado o seu burrito favorito do cardápio.

-----Mensagem Original-----

De: John Pepper [mailto: pepper@boloco.com]
Enviado em: Terça-feira, 24 de janeiro de 2006, 20h31
Para: Ben
Assunto: RE: Boloco.com: resposta ao cliente

Ben,

Antes de qualquer coisa, obrigado por sua mensagem. Sempre gostamos de ouvir nossos clientes... mesmo quando fazemos algo que não o agradou, pois isso nos ajuda sobremaneira.

Preocupamo-nos muito com os Legumes Assados e qual seria a reação dos clientes. O motivo pelo qual foram retirados, a princípio, foi porque pouquíssimas pessoas pediam, e o tempo de preparação e de desperdício (por demorarem a ser consumidos e termos de jogá-los fora) não justificava mantê-los no cardápio desde alguns anos já... mas, em virtude dos poucos e sinceros clientes que adoravam o prato, eles foram mantidos. Você é a sétima pessoa que escreveu a respeito desde que o retiramos, há três meses (sem incluir alguns funcionários que também ficaram muito chateados).

De um ponto de vista puramente empresarial, não fazia mais sentido manter os Legumes Assados. Do ponto de vista de lealdade ao cliente, no entanto, a sua mensagem (e as outras iguais a ela) me dá vontade de devolvê-los ao cardápio amanhã! O nosso desafio é sempre equilibrar os dois lados... você ficaria espantado com o número de pedidos que recebemos semanalmente dos nossos clientes – obviamente, não podemos atender a todos, mas ouvimos todos eles e ponderamos sobre o que dizem.

Eu não sei o que acontecerá nos próximos meses, mas sei que não posso prometer que eles voltarão a menos que comecemos a receber inúmeros pedidos nesse sentido. Já retiramos outros itens antes e não tivemos outra opção senão devolvê-los ao cardápio (o caso do Frango à Buffalo é o melhor exemplo, quando pareceu que estávamos à beira de um motim), mas até agora não foi o que aconteceu.

Também não quero sugerir que experimente o tofu, se for realmente vegetariano. Minha mulher é, e é o que ela come religiosamente. Não é o tofu tradicional, ele é condimentado, tem sabor e todo mundo adora!

Outros vegetarianos pedem as fajitas, embora concorde com você que elas são muito diferentes dos Legumes Assados.

E, finalmente, outras pessoas comerão os demais itens exatamente como os vendemos, o que significa sem frango ou carne. A maioria dos nossos itens no cardápio é vegetariana, e apenas quando se acrescenta frango ou bife deixam de ser.

Lamento não lhe dar a resposta que estava esperando, mas, para tentar remediar essa questão e para que você volte para experimentar algo de que goste, envie-me o código de 16 dígitos no verso do seu cartão Boloco (se não tiver, pegue um e me mande o código) e lhe darei alguns créditos (Burritos Bucks) para que possa usar. É o mínimo que podemos fazer, e talvez encontre algo de que goste. Senão, esperamos que algo que venhamos a produzir no futuro traga-o de volta aos nossos restaurantes – apreciamos a sua presença e esperamos poder encontrar um modo de tê-lo de volta em breve.

Saudações,

John

Esta carta é:

Pessoal – Não possui nenhuma linguagem empresarial. Pepper fala da esposa, oferece outros pratos e parece sinceramente comovido pelo fato de o cliente estar chateado.

Honesta – Ele não faz nenhuma promessa que não possa se cumprir e explica os motivos de ordem prática e financeira que deram causa à decisão mal recebida por alguns.

Prestativa – Ele oferece uma solução para que o cliente experimente outras opções do cardápio – e de graça.

Eu li esta carta e a que Tony Hsieh escreveu para anunciar o acordo entre a Zappos e a Amazon aos funcionários da Zappos (uma cópia da carta está incluída na Parte IV deste livro), e me pergunto por que tantos empresários têm dificuldade de cair na real. Imagine como um cliente se sentiria se recebesse uma carta como essa de um CEO, em vez de uma cheia de jargão burocrático, formal e sem sentido. Pepper está seguindo o caminho da Economia da Gratidão e, a partir do sucesso da Boloco e da fidelidade de seus clientes, fica claro que seus esforços para estabelecer o tom estão dando frutos, passando a soleira da porta de entrada e ganhando as ruas. Pepper está atento quando diz: "Eu sei o que estão dizendo: 'Vou a Boloco porque eles se importam comigo'".

4. Invista nos funcionários. Se você é um rato da mídia social em sua empresa, mas ninguém presta atenção ao que está dizendo ainda, tenha paciência; seu momento vai chegar em breve. Pense em todas as pessoas que trabalhavam nos estúdios de televisão no começo da década de 1990 que perceberam o sucesso de *The Real World* da MTV e lutaram para convencer suas empresas de que havia uma grande chance nos *reality shows*. Tiveram de esperar até o verão de 2000 para provar que estavam certos com o sucesso explosivo de *Big Brother* e *Survivor*. Duvido que você, por outro lado, terá de esperar oito anos para ver as empresas adotarem e aceitarem integralmente a mídia social como parte de suas estratégias de marketing. A empresa na qual você trabalha hoje talvez demore todo esse tempo, mas espero que, se for uma pessoa avançada e ambiciosa, já tenha trocado de barco muito antes e levado seu talento para um lugar em que ele possa ser apreciado.

Se for diretor de empresa e se filosoficamente concordar com os princípios da Economia da Gratidão, mas sua empresa ainda não está pronta para implementar as estratégias da mídia social, dê uma olhada em volta. Quem lhe pergunta quando a empresa terá uma página no Facebook? Quem vive encaminhando mensagens e artigos de blogs sobre empresas que usam a mídia social com sucesso para alcançar seus clientes? Mesmo que não compreenda a tendência da mídia social, essas pessoas entendem. E elas não só conhecem a sua empresa como já se importam o suficiente para pensar em caminhos para ajudá-la a crescer. Mesmo que toda a mídia social acabe dando em nada (o que não acontecerá), qualquer um que queira se alinhar dessa maneira é uma das pessoas mais valiosas em sua empresa. Não permita que esses funcionários se sintam tão frustrados com a sua recusa a ouvir novas ideias a ponto de decidirem sair da empresa. Muitos diretores investem bem pouco nos funcionários com medo de tomar prejuízo quando vão embora, mas qualquer investimento que você faça em seus funcionários será seguro se eles acreditarem que você realmente se importa com eles e com o futuro deles. Crie uma cultura que recompensa aqueles que se importam. Procure o retorno daqueles que mostraram a tendência de assumir riscos e dividir grandes ideias. Prove que você valoriza seus funcionários acima de tudo dando-lhes a liberdade de pedir o que querem, de experimentar e de serem eles mesmos.

Não há problema em fazer isso por seus funcionários, ainda que decidam, mesmo assim, partir em busca de cargos melhores e mais altos em outras empresas. Você quer pessoas ambiciosas em sua equipe e é inevitável que essas pessoas ambiciosas procurem novas oportunidades. Mesmo que partam, seus esforços não terão sido em vão, pois estará criando a reputação de sua empresa como um lugar em que as pessoas podem crescer na carreira. Esse é o tipo de reputação que atrai os melhores e mais brilhantes, que é exatamente quem você deseja que trabalhe na sua empresa. Além disso, se realmente tiver construído uma empresa que valoriza sua equipe, muitos funcionários tentarão voltar, trazendo com eles mais experiência, habilidades desenvolvidas e uma perspectiva maior, por sentirem falta do antigo ambiente de trabalho.

Quando as pessoas se sentem felizes, querem fazer os outros felizes. Assim, se o sucesso na Economia da Gratidão é uma consequência de deixar seus clientes tão felizes a ponto de chorar, você deverá fazer o mesmo pelos seus funcionários.

5. Confie em seu pessoal. Sou bom em reconhecer alguém da minha tribo, então os funcionários que contrato tendem a ser pessoas que compartilham parte do que penso. Essa é uma das razões pelas quais sei que posso dar a eles tanta liberdade: a maioria é como eu e compartilham ou, pelo menos, se empenham em seguir minha ética de trabalho, que prima pela excelência. Criar uma cultura de Economia da Gratidão será cada vez mais fácil se contratar pessoas que assumam o mesmo compromisso de bom atendimento ao cliente. Será fácil distinguir aqueles de sua equipe que não conseguirão se adaptar ou não entendem o conceito, e, ao saírem, poderá substituí-los por outros parecidos com você. Um time de basquete não contrata alguém que não saiba jogar. Um time da NBA não contrataria pessoas que não soubessem jogar basquete, da mesma maneira que um executivo não contrataria uma assistente administrativa que fosse desorganizada.

Quando você não tem dúvidas de ter contratado as pessoas certas, é fácil dar aos funcionários a liberdade de que precisam para prestar o tipo de atendimento ao cliente individualizado compatível com a Economia da Gratidão. Crie uma cultura de abertura, permita que seus funcionários postem em blogs e mandem mensagens pelo Twitter o quanto quiserem, como a Twelpforce faz na Best Buy, e deixe que sejam autênticos, visto que a autenticidade é uma grande parte do que faz as iniciativas na mídia social funcionarem. Além disso, permitir que seus funcionários usem Twitter, YouTube, Quora, Facebook e postem em blogs para falar de sua marca e de seu trabalho não só lhes dá um espaço para se expressar como dá a você, ou a seu CCO, outra janela para ver como se saem em seu trabalho. Combine essas observações com as que você faz sobre o desempenho deles no serviço e rapidamente saberá quem se dá bem e quem precisa de mais treinamento. Ademais, saberá o que pensam sobre seu trabalho, e isso tem muita importância. Há uma razão para os funcionários se sentirem insatisfeitos ou frustrados – gaste algum tempo para descobrir por que e trabalhe com eles para resolver a situação.

É claro que os funcionários devem ser responsáveis por suas atitudes. Se alguém escreve no Twitter: "Odeio meu emprego e meu chefe é um boçal", isso não pode ser deixado de lado. Mas não quer dizer que o sujeito precise ser demitido. Talvez sim, talvez não. Tudo depende da conversa que vier em seguida, que não deve começar com: "Que raios você pensa que está fazendo?", mas com uma pergunta mais razoável, como: "Conte-me por que tuitou essa mensagem".

Mesmo que você considere justa causa para uma demissão, seu funcionário deve saber que compreende por que ele fez isso. Certa vez, na véspera de Natal, perguntei a um dos meus melhores funcionários como ele estava. Ele me encarou e disse: "Eu odeio este lugar e odeio você". Bem, eu não havia percebido esse mal-estar. Apreciava ser xingado por um funcionário? De jeito nenhum. Mas eu o conhecia bem, o que significava que sabia que havia circunstâncias em sua vida que poderiam fazê-lo estourar por ter um pavio muito curto. Nós conversamos e juntos descobrimos um modo de realocar sua carga de trabalho de modo que não se sentisse sobrecarregado. Ele trabalhava no estoque na época, ganhando menos de dez dólares por dia, e hoje é um dos altos executivos da Wine Library.

Isso aconteceu há vários anos. Se tivesse acontecido mais recentemente, é possível que, em vez de dizer na minha cara, em particular, esse funcionário tivesse tuitado sua frustração para todo mundo ler. Algo totalmente inaceitável. Mas provavelmente eu teria lidado com a situação do mesmo modo, pois acredito em dar uma segunda chance, e, se eu fizesse a minha parte, conhecesse meus funcionários e soubesse o que os estimula, poderia resolver a questão com eles de modo a assegurar que algo desse tipo nunca mais acontecesse.

Muitas empresas temem a abertura, mas, se internamente você está fazendo tudo de maneira correta e contratando as pessoas certas, não haverá nada a temer. Somos uma sociedade capitalista, embora a maioria das empresas tenha uma visão comunista com relação ao fato de seus funcionários se expressarem na mídia social. Não querem que os funcionários expressem nada errado, mas, se criarem a cultura interna correta, é pouco provável que digam o que não devem.

Porém ainda existe o risco, certo? E se alguém disser algo que não deve, algo que poderia afetar negativamente você ou sua marca? Há pouquíssimas coisas que um funcionário pode dizer para afetar sua empresa que não possa ser consertado se você agir com rapidez e boa intenção. Grande parte do resultado negativo de desastres empresariais pode ser atribuída mais diretamente ao modo estúpido como um boato surgiu do que ao erro, ao mal-entendido ou até mesmo ao crime propriamente dito. A maioria dos consumidores é inteligente o suficiente para saber que um mau funcionário não representa toda uma empresa, e um sincero pedido de desculpas por parte da direção reconhecendo o dano causado e oferecendo uma comprovação de que o erro não se repetirá produz excelentes resultados.

A Best Buy, em geral, merece elogios por ter permitido que seus funcionários usassem o Twitter, mas ainda tem muito a aprender. Um gerente encontrou no YouTube um vídeo de animação satírico bastante popular comparando o HTC EVO com o iPhone 4 e descobriu que esse vídeo havia sido criado por um funcionário da loja. Embora o vídeo não mencionasse a Best Buy, outros vídeos menos populares que o funcionário havia criado mencionavam, e a empresa percebeu que o vídeo popular estava criticando o iPhone. Querendo provar que esperavam que seus funcionários respeitassem todas as marcas que eles vendiam, pediram que ele se demitisse. Ele se recusou, então o suspenderam, enquanto pensavam no que deveriam fazer naquela situação. Enquanto isso, a história vazou, ganhou a blogosfera e, de repente, a Best Buy foi pega de calça curta e precisou se defender. No final, eles não demitiram o funcionário, mas, como era esperado, ele se demitiu.

A atitude da Best Buy foi suficiente para impactar o valor de suas ações ou o balanço anual? Nem um pouco. Mas ganharam uma mídia negativa que comprometeu sua reputação com a base de consumidores de tecnologia, o que é muito ruim. É surpreendente verificar quantos clientes e funcionários mudaram de opinião com relação à Best Buy em função de sua falha ao lidar com essa situação.

6. Seja autêntico. Executivos de empresas poderiam aprender muito com Jim Joyce, o árbitro que estragou um jogo perfeito para o arremessador Armando Galarraga, do Detroit Tigers, durante a temporada de 2010, depois de arbitrar incorretamente que Jason Donald, do Cleveland Indians, estava a salvo na primeira base. Foi um erro, e dos grandes, que representou um soco no estômago para Galarraga. E, apesar disso, Galarraga não pôde provar o erro que Joyce cometera ao ver o quanto o árbitro havia ficado arrasado por ter

roubado um jogo histórico do arremessador. "Eu digo e repito: ninguém é perfeito", disse Galarraga. "Todo mundo comete erros e tenho certeza de que ele não queria ter cometido este. Eu vi o cara ontem à noite, e ele estava arrasado. Nem trocou de roupa. Os outros árbitros tomaram banho e comeram, mas ele ficou sentado [e repetindo]: 'Me perdoe'."

Como era esperado, os fãs ficaram furiosos; alguns, infelizmente, levaram a ira às últimas consequências, ameaçando a família de Joyce. "Mas, ao ouvirem que Joyce admitira o erro, pedira desculpas e mostrara-se angustiado, ele e Galarraga tornaram-se exemplos de desportismo e perdão."

No dia seguinte, os fãs do Detroit aplaudiram a equipe do árbitro ao chegarem ao campo para o jogo daquele dia contra os Indians. A humildade e autenticidade de Joyce, seu arrependimento sincero e sua disposição em falar de coração aberto – "Eu tirei dele uma oportunidade... e, se pudesse, devolveria a ele no mesmo minuto" – rapidamente mudaram a opinião pública. Para essa questão, podemos aprender a dica do outro jogador dessa história, Galarraga, que fez questão de apertar a mão do árbitro quando este lhe entregou o cartão de saída, comportando-se com elegância em uma situação na qual muitos não teriam evitado demonstrar sua decepção.

Apenas poucas semanas depois de Joyce haver revogado a decisão, ele foi eleito o melhor árbitro de beisebol entre os cem melhores desportistas da Liga publicados pela *ESPN The Magazine Baseball Confidential*. Em 22 anos na Liga, ele construiu uma imagem tão forte, respeitada e autêntica, que mesmo um grande erro como o que cometeu em relação a Galarraga não conseguiu destruir a sua carreira. O legado prevalece sobre qualquer coisa. Qualquer empresa, seja por 22 anos, ou 22 dias, seguiria um belo exemplo adotando como modelo as regras de conduta desse árbitro.

As pessoas identificam as bobagens que são cometidas e, com o poder da mídia social para difundir artigos, imagens, vídeos e áudios por todo o mundo em minutos, a autenticidade e os relacionamentos duradouros que podem resultar da interação autêntica com os consumidores serão quase sempre o fator decisivo de como uma marca ou empresa sobreviverá a um deslize na Economia da Gratidão.

Delegue poder às pessoas

Gosto de imaginar que médias e grandes empresas abrirão um departamento para tratar de assuntos desagradáveis (eu poderia chamar de outra coisa, mas vou deixar os palavrões para as minhas palestras). Para os fins deste livro, chamarei de departamento de Mídia Social, encabeçado por um administrador de comunidade, com um pequeno exército de indivíduos preocupados com o bem-estar dos outros, dedicados a interagir e ocupar-se com cada cliente que encontrarem. Mas, na Economia da Gratidão, as grandes empresas comportam-se muito mais como pequenas empresas pois nestas, os funcionários em geral desempenham várias funções e espera-se que façam o que precisa ser feito. Então, como a equipe de uma lojinha dirigida por mamãe e papai, toda grande empresa concorrendo na Economia da Gratidão daria poderes a todos os seus funcionários para prestar um atendimento sensacional ao cliente, e não apenas relegar essa tarefa ao departamento de Mídia Social. O funcionário que trabalhasse em qualquer departamento poderia defender a marca da empresa sem se importar se aquela era sua atribuição ou não. Se um analista do departamento de contas a pagar de uma fábrica de bebidas não alcoólicas visse alguém bebendo um dos produtos da empresa em um parque, ele poderia dizer: "Esse é o meu sabor favorito". Então pegaria seu cartão de visitas e diria: "Estou feliz que você goste do nosso produto. Mande um e-mail para mim e eu lhe enviarei um código on-line para que ganhe um brinde". Isso já impressionaria o consumidor. Se o analista trabalhasse para uma empresa que não dispusesse de recursos para oferecer um brinde, uma frase simples como "Eu trabalho para a Vitamin Water e estou muito feliz que você goste de nosso produto. Obrigado por consumi-lo" já deixaria o cliente surpreso. É ainda tão raro que uma marca reconheça seu consumidor pessoalmente que o impacto de um gesto tão simples e educado sobre os hábitos de consumo de um cliente pode ser imenso. Quando se trata do atendimento ao cliente na Economia da Gratidão, há pouca diferença entre o comportamento on-line e off-line. Tudo se tornou público. Toda vez que sua marca ou seu produto é mencionado ou usado é uma oportunidade para dizer: "Obrigado", bem como "Por nada", "Desculpe-me", "Como assim?", "É essa a sua opinião?", "Conte-me o que aconteceu", "O que posso fazer por você?" ou "Deixe-me ajudá-lo".

Mas espere um pouco, você está pensando. Há razões óbvias por que essa estratégia jamais funcionaria.

1. É bom para os clientes serem reconhecidos e bem tratados, mas como recuperar o que é dado de graça a eles?

Bem, e se cada funcionário tivesse seu próprio orçamento de marketing, digamos duzentos dólares, que pudesse ser gasto como ele quisesse para proporcionar momentos agradáveis de serviço ao cliente? Seria possível determinar quem usou seu orçamento – e como – e, então, fazer os ajustes necessários. Margot, por exemplo, gastou seu orçamento com pessoas que se tornaram clientes frequentes, o que significa, das duas, uma: ela realmente sabe como fazer um cliente potencial sentir que ela se importa com sua compra, ou ela é muito boa para reconhecer pessoas que realmente precisam do produto ou serviço. O dinheiro que Dan gasta, no entanto, parece trazer amigos e compras ocasionais. Agora sabemos que devemos aumentar o orçamento de Margot e diminuir o de Dan. Ou, se quisermos que Dan se esforce mais, oferecer um incentivo relativo a cada cliente frequente, ou seja, o funcionário que agradeceu ao cliente e trouxe a venda receberá uma porcentagem da compra ou um pequeno bônus. Isso pode funcionar.

2. Mesmo que isso funcionasse, poderia resultar em pessoas experimentando produtos de modo a usufruir de serviços e mercadorias de graça. Ou, por outro lado, poderia ser interpretado como uma tática de marketing apenas para atrair o cliente.

Talvez. É possível que, se as empresas adotassem essa estratégia, sentiríamos como se não pudéssemos confiar mais na opinião de ninguém, e toda vez que um estranho se sentasse ao nosso lado pensaríamos que ele estaria bisbilhotando. Não acredito que isso acontecerá, porque acho que apenas uma porcentagem infinitesimal das empresas chegariam a esse extremo para provar que estão ouvindo seus clientes. Mas, se acontecesse, demoraria muito. E, quando o público começasse a se aborrecer, você, que está sempre à procura de novas oportunidades para mostrar a seus clientes a importância deles, teria se adaptado e seguido em frente. Já teria percebido o que estaria acontecendo e descoberto um novo modo de interagir com eles, fazendo o mesmo com o Facebook e o Twitter. Quando essas plataformas deixarem de funcionar como funcionam hoje, não fará diferença, pois você já terá passado para o próximo trem da mídia social, ou outra plataforma que ainda está para ser inventada. As plataformas que usamos são muito importantes para o sucesso do marketing social, mas sempre estarão alguns passos atrás da sua mensagem e da sua intenção.

As culturas mudam. As sociedades mudam. Um caso amoroso acabou com a campanha presidencial de Gary Hart, em 1988, mas não foi suficiente para tirar Bill Clinton da Casa Branca poucos anos depois, no início da década de 1990. Clinton teve de jurar que não usou, mas Barack Obama ter admitido o uso de maconha e cocaína durante a faculdade praticamente não causou nenhum frisson. Claro que outros fatores afetaram o resultado ds carreira política desses homens, mas não se pode negar, com base na resposta do público a essas notícias – ou na falta delas –, que nossa sociedade e cultura em algum momento passaram por uma mudança. O que parece radical, assustador, impossível ou exagerado em um ano passa despercebido em outro. Talvez a cultura de bom atendimento pelas empresas que prevejo na Economia da Gratidão pareça exagerada. Se for, é apenas momentâneo. Aqueles que pensarem que estou sonhando alto voltem daqui a alguns anos e conversaremos. Eu serei educado e não direi: "Eu não falei?". Bom, pensando melhor, talvez eu diga sim.

CAPÍTULO 5

O namoro perfeito: a mídia encontra o social

Se você mora na região metropolitana de Nova York, pode ter visto anúncios do meu livro *Vá fundo!* em um cartaz bem ao lado de Meadowlands, onde meu amado New York Jets joga futebol, e em alguns táxis por toda a cidade. Você pode se perguntar por que eu me importei com esse tipo de coisa, especialmente pelo fato de ter ressaltado mais de uma vez que no passado os cartazes de rua me trouxeram cerca de 10 por cento dos resultados que consegui pelo Twitter. Bem, vou contar por quê. Embora o índice de visibilidade e de absorção na mídia tradicional seja hoje muito mais baixo do que costumava ser, ainda guarda algum apelo e pode trazer certos resultados. Para muita gente, você não possui uma marca relevante a menos que esteja presente nessas plataformas. Então, quando me vi numa posição de trocar tempo de consultoria por um espaço de anúncio na capota de um táxi para anunciar meu livro, não pensei duas vezes. Nas placas de rua estava escrito, em cima do meu endereço de e-mail: "Pergunte-me quanto eu paguei para aparecer neste outdoor". De uma tacada só, promovi meu livro, criei uma chance de diálogo e atraí a atenção das pessoas para a minha pergunta. Para aqueles que perguntaram, eu respondi: "Gastei 1.500 dólares em um outdoor em que muitas marcas gastam 10 mil dólares".

Eu não sou um negociante mais brilhante do que a maioria que compra outdoors e cartazes para anunciar suas marcas, mas eu tinha duas coisas a meu favor. Primeiro, eu era muito amigo do representante que me vendeu o espaço no outdoor, pois havia trabalhado com ele antes. Ele é um cara incrível, cheio de energia, muito persistente, presta muita atenção ao que eu quero e contribui com um montão de ideias para me ajudar. Agora, no entanto, conheço o jogo dos outdoors, por isso sabia o que deveria pedir, mas sabia também quando recuar e quando pressionar. Graças ao nosso bom relacionamento, pudemos bolar um bom acordo para ambos os lados. Segundo, eu me desdobrava como um louco. Compare a mente de um gerente de contas em uma agência de propaganda, cujo maior cliente lhe dá cinco milhões de dólares para gastar, dos quais trezentos mil dólares são alocados em cartazes de rua, com a de um proprietário de uma pequena empresa que sente como se cada dólar gasto com mídia estivesse saindo do seu próprio bolso. O pequeno empresário lutará muito mais para fechar o melhor acordo. Quanto uma pessoa se importa influencia muito em como ela administra sua empresa. Isso não quer dizer que os gerentes de contas e as outras pessoas que as empresas contratam e em quem confiam para administrar seus negócios não se importem com seus clientes. Muitos se importam. Muitos se importam, e muito, mas é necessário ser uma pessoa especial para ter um sentido de propriedade e identificação com seu cliente. Se acreditar que possui alguém desse naipe no seu time, agarre-o com todas as suas forças.

A segunda razão pela qual alguém como eu, que construiu sua marca quase inteiramente por intermédio das redes de mídia social e comparou a mídia tradicional a um pangaré, usou a mídia tradicional para anunciar um livro sobre a construção de marcas por meio de redes de mídia social é a seguinte: eu queria falar com o maior número de pessoas possível. Posso atingir uma quantidade muito maior de pessoas tomando conta delas on-line, mas reconheço que algumas delas ainda não estão lá, e estas também me interessam. Eu quero estar onde elas estão. Poderia anunciar em todas as revistas, da *Fortune* à *People*, se soubesse que estariam me cobrando o preço certo pelo seu espaço de publicidade. Sei que o preço certo não é 35 mil dólares por página, pois esse é um número calculado sobre a circulação de exemplares, e não pela leitura efetiva. Não há um modo de me provar que cada pessoa que pegue a revista verá a página em que meu anúncio aparece. Eu acredito que o preço deva refletir essa realidade, e que cada empresa que compre espaço de anúncio deva exigir uma tabela de preços mais justa.

Até esse dia, no entanto, a maioria das empresas terá de engolir a seco; o único meio de emagrecer será perder um pouco de peso. Se ainda não fez isso, terá de encontrar um modo de realocar algum dinheiro de seu orçamento para a mídia social, porque é uma loucura que, em 2011, uma empresa não tenha um perfil no Facebook e no Twitter. Há algumas marcas que poderão se dar bem só com o marketing realizado na mídia social, mas não há nenhuma empresa que não se beneficie ao adicionar a mídia social à sua estratégia de marketing. E, ao mesmo tempo, uma marca que jogue exclusivamente no campo da mídia social está prestando um desserviço a si mesma ao não examinar o potencial da mídia tradicional. Quando usadas em todo o seu potencial, as duas plataformas poderão se complementar de maneira incrível.

Estenda a conversa

Se estivesse saindo com alguém e houvesse uma química entre vocês, você não deixaria que tudo acabasse depois do jantar no restaurante. Provavelmente convidaria seu par para continuar a conversa tomando um drinque, um café ou um sorvete. Vocês poderiam dar uma volta, entrar em uma livraria ou parar em uma loja de CDs. Se o encontro estiver sendo fantástico, você não vai querer que a noite acabe e fará de tudo para que a conversa continue.

A combinação entre a mídia social e a tradicional permite que você faça a mesma coisa quando fala com alguém sobre a sua marca. A cadeia de restaurante Denny's, por exemplo, criou um grande comercial de TV para seus clientes durante a temporada 2010 da Super Bowl, a liga profissional de futebol americano. Ela lançou três comerciais anunciando que, por algumas horas na terça-feira seguinte, todos poderiam entrar para tomar café da manhã de graça no Grand Slam. Os anúncios eram divertidos e criativos – galinhas assustadas ao pensar quantos ovos teriam de pôr naquele dia –, mas que oportunidade perdida para falar com todas as pessoas que assistissem aos anúncios em seus laptops abertos à sua frente! Tudo o que o bar-restaurante teria de dizer era: "Acesse Facebook.com/Denny's agora mesmo; torne-se um fã (uma opção que foi trocada pelo botão 'Curtir') e receba um cupom para ganhar mais um suco de laranja grande de graça". Centenas de milhares – talvez milhões – de pessoas teriam acessado o site, gastado algum tempo com a marca Denny's e obtido seu cupom, e o Denny's, por sua vez, teria informações que poderia usar e reusar por muitos anos. No entanto, a cadeia de restaurantes gastou cerca de dez milhões de dólares para produzir três anúncios e distribuir vários produtos de graça. Agradou um monte de clientes e mais do que certamente ganhou alguns novos também. Mas, se o Denny's tivesse estabelecido relacionamentos com seus clientes em um site de rede social, teria aumentado o valor desses dez milhões. Ao clicar em "Curtir" em uma página da marca no Facebook, os clientes demonstram sua disposição de oferecer dados que permitem à marca se comunicar diretamente com eles e ajustar seu marketing de maneira pessoal e identificada. Ao surgir a ligação entre marca e cliente na página de notícias do cliente, a mensagem vai ainda mais longe por meio do ecossistema da mídia social sem esforço algum da marca. Se o bar-restaurante tivesse prolongado a conversa, o encontro poderia ter terminado com um convite para tomar um último drinque, em vez de um beijo tímido na porta de casa.

A Reebok, por outro lado, convidou seu público para um drinque com seu anúncio das camisetas de treino Speedwick na televisão. Apareciam os campeões da Stanley Cup Sidney Crosby e seu parceiro Maxime Talbot, do Pittsburgh Penguins, visitando a cidade natal de Crosby, na Nova Escócia. O anúncio mostra Crosby e Talbot indo para o porão, onde admiram a secadora que tem todos os discos que Crosby não atirou na rede durante o treino. Os dois começam a arremessar discos pela porta aberta da secadora – o primeiro a acertar nove, ganha. Talbot está ganhando por 3 a 1 quando a imagem de repente escurece e as palavras "Veja quem ganha em Facebook.com/reebokhochey" aparecem na tela. Apenas se tornando fãs os espectadores poderiam descobrir quem havia ganhado.

O anúncio exibia a marca de maneira lúdica e pessoal, convidando os fãs de hóquei a conhecer a vida íntima de um famoso jogador. Então os atraía a ir adiante, dando-lhes uma razão para seguir a marca no Facebook. E eles seguiram. Em pouco tempo, a Reebok assistiu à adesão de dezenas de milhares de pessoas. Os números por si sós não querem dizer nada, pois é a qualidade dos seguidores e fãs que interessa, não apenas a quantidade. Mas, nesse caso, a Reebok tinha ambos – os números representavam dezenas de milhares de pessoas que permitiam à marca continuar anunciando para elas. Além disso, poderiam repassar a mensagem da Reebok para milhões de pessoas por meio das atualizações de status, de comentários e de outros modos de associação. Há três anos, todos os fãs da NHL (Liga Nacional de Hóquei americana) veriam o anúncio, e seu encontro com a Reebok teria terminado em 60 segundos. Em 2011, no entanto, a Reebok pode prolongar o encontro pelo tempo que durar o interesse e continuar atraente para sua base de fãs. Isso que é dinheiro de marketing bem gasto.

Aprenda a jogar pingue-pongue

Quando a mídia social e a tradicional trabalham bem juntas, como aconteceu com a Reebok, é como um jogo de pingue-pongue amistoso. Em vez de aplicar a mídia tradicional e encerrar o jogo, a Reebok lançou a bola de volta para a mídia social. *Ping*. Então deram uma chance à mídia social de responder a jogada. *Pong*. Qualquer um pode fazer isso. Basta que se desenvolva um trabalho criativo que permita às plataformas dialogarem e trabalharem juntas para prolongar sua mensagem, continuando a conversa e conectando-se com seu público. Exija mais de sua agência de publicidade, pois não é suficiente colocar um logo do Twitter ou do Facebook no final do seu anúncio, ou mostrar Facebook.com/suamarca ao término do comercial de televisão, pois isso é tão útil e informativo quanto dizer: "Olhe, temos um número de telefone!" ou "Nas melhores lojas do ramo!"

Em vez disso, o que se pode fazer é colocar uma imagem ou um texto criativo incluindo seu endereço no Facebook e no Twitter de modo que atraia o interesse do consumidor para que vá até lá ver o que mais você tem a dizer. Atraia os visitantes e mantenha a conversa interessante pelo máximo de tempo possível.

Colocar a mídia social sobre a mídia tradicional para estender a história é a ação de marketing mais prática, exequível e mensurável que se pode adotar hoje. Deve ser, portanto, uma estratégia relativamente fácil de ser vendida para sua equipe ou seus clientes.

CAPÍTULO 6

A cavalo: como a Old Spice entrou no jogo e deixou a peteca cair

Amenos que você esteja vivendo em uma caverna, provavelmente viu um dos comerciais da marca Old Spice estrelado por Isaiah Mustafa, que foi ao ar no dia seguinte ao Super Bowl 2010. Com essa campanha, a Procter & Gamble, a empresa acionária da Old Spice, mostrou ao mundo como uma marca pode ter uma atuação pífia no pingue-pongue da mídia.

Primeiro, começou com um conteúdo excelente, reproduzindo todos os estereótipos de masculinidade que poderiam inventar com um excelente roteiro e um elenco perfeito. Assim que um Mustafa seminu terminou de desfilar passando de um cenário de romance água com açúcar a outro, afirmando às mulheres que, mesmo que seu companheiro não se parecesse com ele, poderia exalar o mesmo cheiro se usasse os produtos anunciados, milhões voltaram a fita e assistiram ao comercial de novo. E de novo. Então começaram a falar sobre isso no Facebook e no Twitter, e a reproduzir vídeos no YouTube.

Graças ao anúncio de televisão, milhões de pessoas – especialmente as mulheres – agora se sentiam atraídas por Isaiah Mustafa, associando sua masculinidade e seus atributos à marca Old Spice. Cinco meses e um segundo anúncio de televisão depois, quando os publicitários da P&G usaram a plataforma de publicidade de promoções de tendências do Twitter para pedir aos seguidores da Old Spice no Twitter e no Facebook, bem como aos usuários do Reddit e do Digg, que enviassem perguntas para o Cara da Old Spice, eles responderam entusiasticamente. As pessoas votaram nas perguntas favoritas e os vencedores receberam respostas pessoais diretas do Cara da Old Spice. Ele também iniciou um contato com celebridades formadoras de opinião, incluindo George Stephanopoulos, Alyssa Milano, Rose McGowan e Kevin Rose, que, não coincidentemente, têm muitos seguidores no Twitter. A internet ensandeceu quando descobriram que poderiam falar em linha direta com o homem que cavalgava de costas, pegava um bolo de aniversário e andava de um lado para outro em uma cozinha. Ao longo de dois dias, Mustafa gravou cerca de 200 vídeos ao vivo respondendo às perguntas dos fãs.

Jogue com o centro emocional, mas não no meio de campo

Algumas estatais americanas e muitas empresas privadas gostam de ficar no meio de campo, pois é seguro. O meio é normalmente mensurável e é possível atingir muita gente no meio de campo, como se vê nesta ilustração:

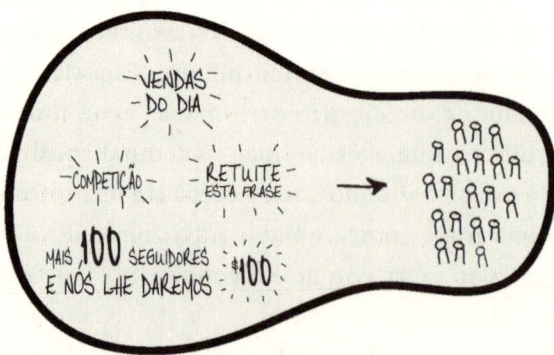

Embora muito pouco do que aconteça no meio seja digno de nota, o que se lembra é o que fica. Histórias e ideias que nos pegam desprevenidos chamam a nossa atenção e aparecem onde não esperamos – essas são as que ficam. As histórias de que lembramos são as que passamos adiante, furando a barreira que está no meio e atingindo muito mais pessoas do que se espera nesse espaço limitado.

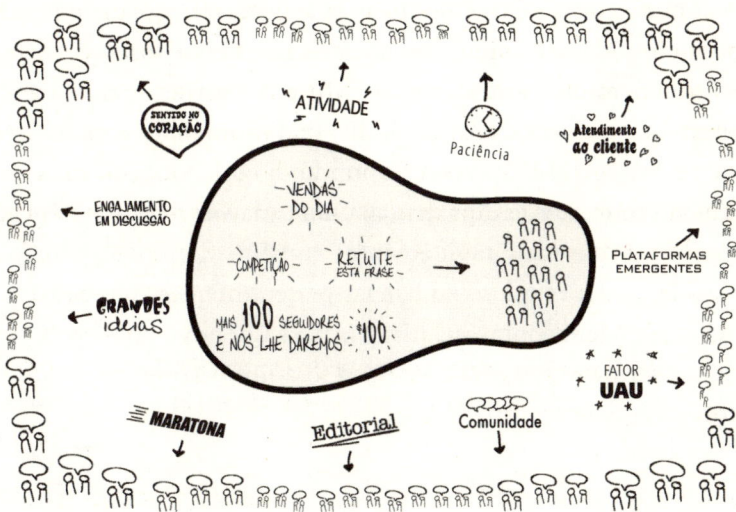

Podemos usar uma plataforma da mídia tradicional, como a televisão, mas as vitórias de marketing ficam nos extremos, nas coisas que fazem as pessoas tirar o olho de seu iPad ou BlackBerry e dizer: "Que diabos é isso?" O conteúdo de qualidade é tudo. Sempre. Mas, a partir de agora, ao conteúdo de qualidade deve se seguir o acompanhamento de qualidade. Você deve estar pronto e a postos para dialogar com seus clientes on-line quando eles começarem a procurar no Google, a tuitar e a entrar no Facebook para saber mais sobre o conteúdo incrível que acabaram de ver, porque é assim que funciona a nossa cultura de consumo hoje. Qualquer um que esteja operando na Economia da Gratidão precisa estar atento à direção da cultura dos consumidores e segui-la.

A campanha da Old Spice não foi barata. Os valores de produção foram altos para o vídeo, o cachê do ator foi alto, havia uma equipe para acompanhar todas as menções à Old Spice por toda a internet, os roteiros eram feitos por quatro roteiristas assim que as perguntas chegavam e tudo começou com uma chamada multimilionária na televisão. E mesmo assim a empresa decidiu gastar mais dinheiro em tuítes de promoção, um canal de propaganda totalmente novo e desconhecido no Twitter. Isso indica que alguém na empresa, ou na Wieden & Kennedy, a agência de propaganda que tinha a conta da empresa, compreendeu um dos princípios mais importantes da Economia da Gratidão: vale a pena investir em novas microtendências, uma vez que elas são menos disputadas, menos barulhentas e mais baratas do que as mais conhecidas, onde todo mundo já está. Na Economia da Gratidão, essas microtendências aparecerão com cada vez mais frequência, mas a probabilidade é que mais rapidamente também. Contudo, quando usadas de modo adequado, as microtendências podem oferecer um canal novo em que as marcas podem contar sua história para um novo público. A vantagem para quem usar primeiro essa tendência terá um peso muito maior hoje do que já teve em qualquer outra época.

A campanha funcionou?

Depende de quem responder à pergunta. Por exemplo, as vendas do sabonete líquido Old Spice, que já estavam subindo, ascenderam rapidamente – em torno de 55 por cento – nos primeiros três meses após o primeiro comercial ir ao ar na TV, depois subiu para 107 por cento (uma estatística que me incluía, porque comprei meu primeiro produto Old Spice nesse momento[1]) quando os vídeos começaram a ser exibidos, mas alguns imaginam que isso tenha ocorrido mais graças à promoção de desconto de compra de dois por um do que por

---

1. Quando assisti aos anúncios e ouvi falar da campanha, respeitei o rebuliço da apresentação, mas não me ocorreu sair correndo para comprar um frasco de Old Spice. Apenas quando entrei numa farmácia para comprar outra coisa e vi o desodorante Old Spice na prateleira, lembrei o quanto tinha gostado dos vídeos e decidi experimentar.

conta de uma campanha de mídia social bem alinhavada. Há, no entanto, dois aspectos que sabemos ser verdadeiros:

1. A mídia gerada foi absurda. Praticamente todos os blogs de marketing e quase todos os veiculadores de notícias do país cobriram a história. O valor e o alcance dessa cobertura de mídia devem valer muito mais do que um monte de anúncios de página inteira em jornais como *Maxim* ou *Cosmo*.

2. O canal da Old Spice no YouTube registrou mais de 11 milhões de acessos e mais de 160 mil assinaturas. Onze milhões de impressões – um número memorável. E a Proctor & Gamble agora tinha os dados de 160 mil pessoas que não tinha antes e poderia usar essa informação para anunciar a esses consumidores. E quanto gastaram para conseguir isso dessa vez? Nada.

Uma marca menor, com menos orçamento, poderia ter lançado uma campanha como a da Old Spice? Sim e não. Se houvesse talento, sim, com certeza. No entanto, não podemos subestimar o peso de milhões de dólares que a empresa investiu para trazer o gancho para que o público criasse uma ligação afetiva com o Cara da Old Spice. Mas a Old Spice poderia ter gastado duas vezes mais se o talento não fosse tão grande e se o roteiro não fosse tão bem-feito, uma vez que o anúncio teria sido esquecido logo depois de ter passado, presumindo-se que tivesse sido notado. Uma marca que gastou apenas trinta mil dólares e obteve menos fãs não teria perdido se tivesse investido no relacionamento com cada fã. O acompanhamento conta muito na Economia da Gratidão.

Tony, o Tigre, e Ronald McDonald estão prestando atenção? Por que esses ícones comerciais não estão aproveitando a oportunidade para falar com as pessoas que os adoram? Dito isso, não se trata de orçamento, trata-se de criatividade e atenção. Qualquer marca, grande ou pequena, pode se beneficiar ao postar vídeos pessoais; não precisa ter os valores de produção da Old Spice. Qualquer marca pode ter um conteúdo fantástico e surpreendente, pois as grandes marcas não detêm o monopólio para produzir impacto na mídia social.

Recapitulando como a Old Spice executou brilhantemente o atendimento individual:

Estabeleceu um valor de marca na TV com um conteúdo fantástico.

Ping.

Depois esticou a história levando-a para o Facebook e o Twitter.

Pong.

E em seguida para o Digg, o Reddit e muitas outras mídias menores.

Ping.

Esses usuários entraram no YouTube para assistir aos vídeos.

Pong.

Lá puderam receber um nível de atenção e de atendimento pessoal que nunca acontecera antes.

Ping.

E então tuitaram e comentaram muito sobre isso.

Pong.

Isso acarretou uma cobertura sobre a campanha na televisão, na mídia impressa e no rádio, transformando a Old Spice, a marca de produtos masculinos dos nossos avôs, em notícia nacional.

O passo em falso

A campanha da Old Spice é considerada uma grande vitória da mídia social que centenas de especialistas em mídia social elogiaram, mas justamente aqui acontece uma virada inesperada na história. Eu tinha certeza de que a Old Spice havia planejado usar a informação que obtivera de seus quase 120 mil seguidores no Twitter[2] para começar a falar diretamente com cada um deles de maneira pessoal e significativa. Cada um deles deveria ter recebido um e-mail de agradecimento por terem assistido aos vídeos, o que lhes daria uma razão para voltar. Eu adoraria estar errado, mas não acredito que isso tenha

---

2. Em julho de 2010, o número de seguidores da Old Spice no Twitter havia crescido 5.400 por cento desde janeiro do mesmo ano.

acontecido. Desde setembro de 2010, quase dois meses depois de a Old Spice ter tomado o Twitter de assalto, a conta da Old Spice tuitou apenas 23 vezes e nenhuma das vezes falou ou interagiu com uma pessoa ou um usuário da marca. A *Ad Age* publicou um artigo que começava dizendo "A Old Spice sucumbe à História...". Se eu fosse o capitão desse navio, pode apostar que teria enviado dez mil tuítes desde o dia 14 de julho, o último dia da exibição do vídeo de resposta da campanha. Para mim, parece que a Old Spice é um atleta preso a um modelo de marketing tradicional, não um maratonista que vive dentro da Economia da Gratidão.

Então, a resposta para a pergunta sobre se essa campanha funcionou depende de quem responde. Noventa e nove por cento do mercado provavelmente diria que foi uma vitória na mídia social – causou bochicho, ganhou um monte de mídia gratuita,[3] e, por último, as vendas tiveram um pico. Noventa e nove por cento do mercado, no entanto, não percebe que estamos vivendo a Economia da Gratidão, e que está usando padrões antigos de comunicação para medir suas vitórias. Então, sim, a campanha foi vencedora – ganhou do mesmo modo que um comercial tradicional ganha, mas teria ganhado mais se a Old Spice tivesse levado a iniciativa adiante.

A Old Spice pensou que, quando a campanha acabou, o serviço tivesse terminado, o que foi um grande erro. Uma campanha de mídia social na Economia da Gratidão nunca acaba! A Economia da Gratidão recompensa os maratonistas, não os corredores. Tudo o que a Procter & Gamble precisava ter feito era ter dado um brilho maior, humanizando seu negócio e assegurando um relacionamento duradouro com seus clientes, mas a empresa desistiu. Ao fazer isso, transformou aquilo que tinha tudo para ser uma grande campanha na mídia social em um único tiro.

A Old Spice viu um pico nas vendas e na difusão da marca, mas há muitas marcas que fizeram uma grande campanha de marketing, subiram nas vendas por algum tempo e depois desapareceram da vista do consumidor. A marca

---

3. Infelizmente, será muito mais difícil as campanhas na mídia social atraírem mídia gratuita em 2012, uma vez que o público está mais habituado a se comunicar diretamente com as marcas. Como em todos os esforços para atrair a atenção, as campanhas terão de constantemente reinventar e se superar para causar impacto.

teve a chance de continuar a conversar com todos que entraram em contato e deixou passar. Eles deixaram seus clientes para trás, limitando o impacto que a campanha poderia ter causado sobre a marca. Tenho certeza de que várias pessoas se sentiram frustradas quando não puderam mais interagir com ela. E, pior, além disso, são muitas as pessoas que simplesmente esqueceram a marca e a diversão que tiveram interagindo com ela. Custará à Old Spice muito mais para reconquistar essas pessoas.

Fiquei chocado. Por um lado, fiquei arrasado ao ver essa virada negativa e queria ligar para a Old Spice e implorar que me deixassem ajudá-los a voltar para o trilho; por outro lado, eles me deram uma grande oportunidade de demonstrar como uma marca pode sabotar uma campanha de mídia social fabulosa.

Eu ia comprar outro desodorante Old Spice depois que terminei de usar o primeiro, mas perdi a vontade. Ou seja, o silêncio deles no Twitter me diz que eles não estão a fim de mim. Estão felizes que eu e milhares de outras pessoas gastemos nosso dinheiro com eles, e agora vão apenas colher os frutos, aproveitar o pico de vendas e seguir para a próxima campanha.

Espero que um dos concorrentes da Old Spice esteja lendo o que escrevo agora, pois essa empresa tinha uma grande chance de conhecer 120 mil pessoas e, quem sabe, transformá-las em amigas, mas, pelo que fez, a P&G deixou bem claro que o interesse em seus clientes tem a profundidade de um pires. Agora é a chance de o concorrente mostrar às pessoas como uma marca realmente se importa com seus clientes e o quanto gostaria de conhecê-los.

Quando comecei a Wine Library TV, eu era o único a fazer isso, e construí um grupo de fiéis seguidores sempre me conectando e falando com eles. Mais tarde, observei alguns concorrentes tentando entrar e chegar até os meus clientes e fãs, sabotando o meu trabalho. Eles não conseguiram, porque eu já havia conquistado o coração dos meus clientes. À medida que a empresa foi crescendo, no entanto, e foi se tornando difícil manter o mesmo nível de relacionamento pessoal ao qual meus fãs estavam habituados, vi no Twitter que alguns dos clientes começaram a se relacionar com meus concorrentes. Quando parei de me dedicar a esses relacionamentos, abri espaço para que um novato entrasse e os roubasse de mim. Não é diferente da esposa que volta para casa depois de se divertir em uma *happy hour* com um colega de trabalho e encontra o marido tão absorto no seu videogame que sequer pergunta à mulher como ela passou o dia. Seria uma surpresa se ela se apaixonasse por outro cara? Acontece tanto na vida como nos negócios. Temos de nos manter atentos a todos os nossos relacionamentos, sejam eles pessoais ou profissionais.

Talvez eu devesse dar uma chance à Old Spice; é possível que eles tenham retomado as trincheiras quando estiverem lendo este livro. Assim espero. No entanto, mesmo que o façam, terão perdido uma tonelada de vendas potenciais a longo prazo e terão de trabalhar muito mais para reconquistar o *momentum* que tiveram nas mãos.

CAPÍTULO 7

Intenção:
qualidade *versus* quantidade

Em *Vai fundo!*, falei muito sobre a minha crença de que devemos seguir nossa tendência, abraçar nossa paixão e vivê-la intensamente como a chave para atingir realização pessoal e profissional. Desde então, percebi que há outro aspecto que importa. De fato, pode ser a única grande diferença dessa nova economia: *a boa intenção*. Acredito piamente que, se as intenções são boas, elas emergem e atraem as pessoas até você, uma vez que as boas intenções criam um polo de atração. Você provavelmente conseguirá se lembrar de muitos que dissimularam suas boas intenções para obter o que queriam. Mas acredito que a Economia da Gratidão, que nos trouxe plataformas como o Facebook e o Twitter e que enfatiza a transparência e o imediatismo, deu aos consumidores ferramentas melhores para distinguir e expor as más intenções ocultas de uma empresa ou marca, bem como instrumentos para reconhecer e recompensar as boas.

Se já pensou em embarcar em uma campanha na mídia social, ou mesmo tentou uma ou duas vezes, qual era a sua intenção? Seu objetivo era fazer com que alguém clicasse ou apenas apertasse o botão "Curtir"? Ou era construir a sua identidade on-line e cuidar de uma conexão entre você e o consumidor?

Se sua resposta for a primeira, adivinhou por que a maioria das campanhas deixa de atingir o seu potencial.

Você pode estar se perguntando: "Qual é o problema de conseguir que as pessoas cliquem?". "Qual é o problema em usar a mídia social para atrair pessoas para meu site ou minha loja?" Nenhum. Mas se a única razão de você estar no YouTube, no Tumblr, no Twitter ou em qualquer outra comunidade on-line é porque está tentando atrair mais seguidores e fãs do que os outros, para que possa passar sua mensagem a essa base de usuários, está jogando errado e vai perder. Se sua visão da mídia social for tão estreita que tudo com o que se importa é o número de fãs, de retuítes ou de acessos que conseguiu, ainda não entendeu nada. O sucesso na mídia social e nos negócios em geral, na Economia da Gratidão, será sempre medido com um olho tanto na qualidade quanto na quantidade. Você poderá usar táticas inócuas para aumentar as suas estatísticas, mas, mesmo que funcionem e que seus números on-line pareçam incríveis, não terá ganhado nada de valor real, porque não apresentou nada que tenha valor também. Os números só provam que fez contatos, não conexões. Uma campanha na mídia social de sucesso joga com o lado emocional; quanto mais distante estiver do centro emocional, mais longe seus clientes ficarão também. Seu valor será, portanto, menor a longo prazo do que se tivesse se envolvido a ponto de fazê-los querer se aproximar. Esses princípios básicos que influenciam no valor permanente de um cliente são as pedras fundamentais da Economia da Gratidão.

A mídia social trabalha melhor quando causamos uma emoção nas pessoas que tentamos atingir. Ela atrai. Quando lançamos um anúncio tradicional, seja na TV, no rádio, no jornal, em um cartaz de rua, seja em um banner, estamos gastando um monte de dinheiro para segurar o microfone e repetir nosso anúncio inúmeras vezes, e, com isso, forçamos a entrada na mente do consumidor. Alguns usam a mídia social do mesmo modo, fazendo lançamentos de vendas e outras gracinhas. Seus esforços podem conseguir certa atenção por algum tempo, mas a mensagem desaparecerá e certamente não terá valor duradouro; nem vale a pena pensar nisso. Mas, se você vai lançar uma campanha, ela tem de produzir uma emoção – seja positiva ou negativa – de forma que as pessoas se sintam compelidas a compartilhar. Dê a elas assunto para falar, libere o poder do boca a boca e permita que assimilem a sua marca. Deixar os consumidores decidirem sozinhos se realmente querem conhecê-lo, em vez de convencê-los de que eles devem, pode fazer uma grande diferença no tipo de relacionamento que nascerá daí. É como quando os pais decidem que encontraram a garota perfeita para seu filho. Ele não a convidará para sair se eles o ameaçarem e, mesmo que o faça, a pobre moça não terá a menor chance, porque só estaria fazendo isso para se livrar dos pais. Mas, se fizerem uma festa, tiverem certeza de que a moça virá e estiverem certos sobre os dois, eles certamente acabarão se encontrando. Poderão se sentir como em um daqueles encontros perfeitos em que a conversa nunca acaba. Use as campanhas de mídia social para criar uma oportunidade de encontro, não para forçá-la.

A intenção do dia a dia

A mesma intenção que alimenta qualquer campanha de mídia social bem-sucedida também deve estar por trás do entrosamento diário que uma marca busca por meio dos sites de redes sociais. Sua intenção deve ser dupla: regue tantas plantas quanto for possível e apague todos os incêndios. Quando estiver atendendo relacionamentos on-line, toda conexão deve ser respondida com emoção, diretamente do coração. Você pode se aperfeiçoar nela agora, porque muito em breve será uma parte extremamente importante do seu marketing e, provavelmente, a única aproximação que de fato funciona. Isso não significa que deverá escrever cartas de amor a cada um que elogiar a sua marca. A emoção não precisa ser em palavras; apenas tem de ser autêntica.

garyvee Gary Vaynerchuk
@peterpham lol hahahhah
13 Set

garyvee Gary Vaynerchuk
@winecountryagt Em breve, eu espero :)
13 Set

garyvee Gary Vaynerchuk
@kathdem vlw
12 Set

garyvee Gary Vaynerchuk
@DanGordon me manda um email
12 Set

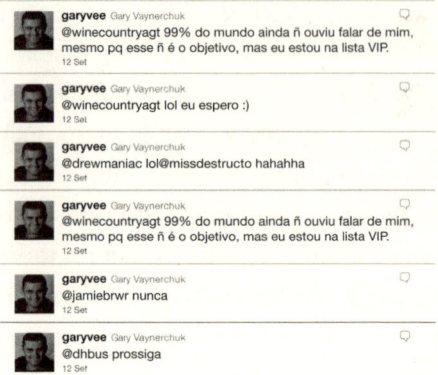

Uma empresa que está se dando bem nisso é a Quirky, Inc., um site de inventores. Quando eles abriram uma conta no Twitter, costumavam chamar a comunidade e atrair novatos para o site, mas sua mão única fez com que parecesse que se importavam apenas em vender seu produto. Como isso atingiria o lado emocional?

Então a Quirky começou a postar conteúdo com a intenção de atrair pessoas, sem empurrar seu produto. Eles transformaram todo contato ou menção que viam em um bate-papo, conversando com quem quisesse falar com eles. A diferença é imensa.

Ao mudar sua abordagem, a Quirky diz: "Tivemos um monte de respostas (em geral divertidas) no Twitter sobre tudo, desde opinião a respeito do produto ao episódio favorito dos Simpsons. Agora, não deixamos nenhum tuíte sem resposta!". Para a Quirky, uma empresa que cresceu com ideias de produtos arrebanhadas em pesquisas públicas, o aumento de retorno sobre os produtos é uma função importante da empresa. Além disso, o aumento de bate-papo otimiza o processo de coleta geral de dados. Os clientes falarão sobre uma empresa sem estarem envolvidos com ela, mas, quando uma empresa interage com seus clientes, as discussões paralelas que surgem podem revelar informações valiosas. Qualquer empresa deveria descobrir como se beneficiar com esse tipo de envolvimento.

Ao controlar os danos ou apagar incêndios, terá de abrir mão, dividir o microfone e ouvir, depois responder adequadamente, e depois ouvir de novo. Terá de ouvir mesmo quando não tiver mais vontade. Veja deste modo: nenhum problema se resolve se a discussão for interrompida no meio.

Um aspecto que assusta muita gente com relação à mídia social é precisar jogar o roteiro fora. As regras de envolvimento forçam você ou a pessoa a quem confiou a voz da sua marca a improvisar e estar disposta a seguir o consumidor. Essa é uma proposta assustadora para muitas empresas e marcas, e entendo por quê. Empresários são obcecados em manter uma mensagem, e seus roteiros são cuidadosamente elaborados para assegurar que a mensagem seja repetida não importa a situação. O problema é, com certeza, que eles não poderão prever a interação com cada cliente em detalhe, uma realidade que está se tornando cada vez mais problemática para eles à medida que a mídia social aumenta a frequência com que os consumidores querem falar diretamente com as marcas.

Algumas empresas querem dizer que estão presentes na mídia social, mas temem tanto as questões legais que podem surgir de uma simples postagem, que exigem que todas as mensagens de Twitter ou Facebook da empresa sejam vetadas. Em algumas organizações, obter uma aprovação legal para um tuíte pode levar de 12 a 36 horas. Tá brincando comigo? Quando essa postagem vetada finalmente chega ao cliente, a conversa e o relacionamento já naufragaram.

Os clientes são imprevisíveis e forçar um roteiro sobre os representantes da marca que eles procuraram para pedir ajuda é como um bombeiro que tem apenas um balde de água para apagar o incêndio de um prédio em vez de uma mangueira conectada a um hidrante. De fato, um roteiro formal e seguro apenas tenta apagar o incêndio com querosene no momento em que os clientes perceberem que as respostas que ouvem não estão de acordo com o problema apresentado. O atendente do serviço ao cliente mais apaixonado do mundo não conseguiria colocar alma em uma resposta pré-fabricada escrita há dois anos, ou até há dois meses.

É preciso aprender a confiar no pessoal que contrata para realizar esse serviço (ou contratar pessoas em quem possa confiar). É preciso deixar que seus representantes sejam eles mesmos. Não os force a repetir o que dizem seus advogados, sua diretoria ou seu departamento de RP (ou, pior, não contrate seu departamento de RP para se relacionar por você). De outro modo, assim que a conversa sai do roteiro, eles ficarão perdidos. E, quando isso acontecer, você perderá seu cliente também.

Noventa e cinco por cento do pior relacionamento na mídia social que já vi foi empreendido por empresas de RP contratadas para gerenciar os perfis, as páginas ou os blogs de algumas marcas. Por favor, empresas, parem de contratar firmas de RP para gerenciar suas comunidades. RP é um trabalho de mediação; eles mandam comunicados à imprensa e agendam compromissos. Estão habituados a falar com editores, escritores e produtores, não com o público. Eles não têm a menor ideia do que se passa na linha de frente e sentem-se desconfortáveis quando estão sob os holofotes. A única razão por que os RP alegam que podem fazer o serviço está no fato de saberem de que lado o vento sopra, e não é na cara deles. Eles dirão qualquer coisa para não perder o negócio. As agências de propaganda atuam melhor do que as empresas de RP, porque o negócio deles é pensar no que o consumidor quer, mas o ideal é que você tente contratar pessoal interno para fazer isso. Escolha os funcionários que conhecem bem a sua empresa, que se importem com ela tanto quanto você e que demonstrem pensamento rápido e criativo, flexibilidade e compaixão. Essas são as pessoas que você quer que representem a sua marca para o público. Caso você sinta que não tem pessoal preparado para isso, contrate uma empresa para fazê-lo para você e treine sua equipe, entregando depois as rédeas para eles.

Você acha que o atendente que detém o recorde da mais longa ligação do serviço de atendimento ao cliente na Zappos – cinco horas! – tinha um roteiro para seguir? O roteiro só serve para mandar uma mensagem. Sua intenção deveria ser tocar o coração, mas não de maneira manipulativa. Simplesmente fale e ouça. Fale. Ouça. Criando a expectativa de ouvir, criará mais envolvimento, o que aumenta a repercussão, o boca a boca e a sensação de conexão com a sua marca. Talvez você não consiga quantificar os efeitos de uma conexão (ainda), mas lhe garanto que ela funciona quando os consumidores começarem a gastar. A sensação de conexão é o que faz com que as pessoas compareçam às minhas tardes de autógrafos, e é por isso que sinto uma ligação com meus fãs mesmo sem nunca tê-los encontrado pessoalmente. É o que faz uma pessoa que não está pensando em salgadinhos, ao ver um pacote de Skittles, lembrar-se da conversa que teve com o representante da marca há poucos dias e jogar dois pacotes dentro do carrinho.

As táticas de mediação não são de todo ruins; podem ser eficazes quando usadas com moderação. Mas a intenção das táticas de mediação deve criar uma oportunidade de impulso, pois isso cria o vínculo emocional entre os consumidores e as marcas. E, às vezes, se você usar a imaginação de modo eficiente, pode criar uma ligação realmente especial.

CAPÍTULO 8

Surpreenda o cliente

E se você estiver de fato fazendo um bom trabalho ao cuidar do interesse de seus clientes? Você conhece as regras de envolvimento, de maneira geral. Responde aos comentários, aos tuítes e às resenhas toda vez que os vê, convidando seu cliente a dizer o que pensa e expressar suas ideias. Procura por oportunidades para entrar ou criar conversas a respeito de assuntos e nichos que estejam dentro do escopo geral de seu produto ou serviço, bem como assuntos correlatos. Está resolvendo problemas e agradecendo quando reconhecem que fez algo certo, e agradece mesmo quando dizem que fez algo errado. Está implementando táticas inteligentes, criativas e bem-feitas que garantem um bom retorno em pouco tempo e que também darão retorno a longo prazo, porque sua intenção é fortalecer a conexão emocional que já está em jogo, graças a todos os seus outros esforços. Age com naturalidade, de modo comportado, falando honestamente e com iniciativa. O que mais poderia fazer?

Muita coisa.

Se perguntar a alguém o segredo de seu sucesso, muitos responderão que prestaram atenção aos detalhes. O atleta acordou mais cedo para treinar uma hora a mais; o dono do restaurante fez as famílias se sentirem em casa trabalhando mais e preparando opções apetitosas para as crianças em pratos com forma de sapo; o dono do lava-rápido instalou Wi-Fi para seus clientes. O notável é que esses detalhes produzem, em geral, um impacto positivo sobre o desempenho pessoal e sobre o cliente, que vale mais do que o esforço ou o custo para implementá-los.

Na Economia da Gratidão, o mesmo pode ser dito das grandes coisas. A maioria normalmente pensa que elas são iniciativas que apenas as grandes empresas podem tomar, porque se presume que, para lançá-las, é necessário ter uma tremenda organização e um orçamento alto. Mas, como dissemos, o sucesso na Economia da Gratidão exige que as empresas repensem sua alocação de recursos, e as grandes coisas estão, de fato, ao alcance de qualquer empresa.

Como uma grande coisa funciona? O *rapper* 50 Cent sabe. O usuário do YouTube Pierce Ruane, um adolescente canadense, cujo perfil no YouTube o descreve como Pruane2forever, mas que também atende pelo nome de Sexman, postou um vídeo no YouTube chamando o *rapper* de prostituto da mídia por promover tanto a Vitamin Water quanto os brinquedos sexuais. Então, acrescentou: "O que mais ele fará – 50 Cent poderá dizer?". Ruane teve quase um milhão de acessos. Em vez de ignorar o rapaz, ou mesmo se sentir ofendido, 50 Cent o trouxe para Nova York e postou um novo vídeo no YouTube dos dois juntos, como amigos, em uma varanda olhando a paisagem de Manhattan. O vídeo não tem nada de mais, mas o fato de ter sido gravado é extraordinário. 50 Cent foi esperto. Ele viu como o boca a boca espalhou a mensagem do Sexman e decidiu tomar a frente, mostrando que pode estar a serviço da mídia, mas é um cara legal também. Além disso, vai ficar difícil para Sexman fazer alguma desfeita a 50 Cent novamente, agora que o público o viu sorrindo como um garoto no dia de Natal ao lado do superastro do rap.

Ao mesmo tempo, 50 Cent cortou o mal pela raiz, fez um adolescente canadense e seus fãs felizes e colheu uma boa mídia de graça. O público em geral se esquece que as celebridades também são humanas. 50 Cent estava com a imagem em baixa por mau comportamento, mas, com esse gesto, humanizou-se e, provavelmente, fez um monte de gente se sentir melhor, fazendo-as pensar que ele é bacana.

Mas por que esperar até surgir um problema? E se a Hershey, por exemplo, escolhesse ao acaso algumas pessoas com quem falasse regularmente no Facebook ou no Twitter e as convidasse com sua família a visitar de graça o Parque Hershey? Os ingressos não estariam ligados a nenhum concurso ou sorteio – seriam simples presentes. Isso talvez não pareça um ROI muito bom – alguns milhares de dólares em passagens aéreas, ingressos para entrar nas atrações do parque, alimentação e hospedagem em hotel, tudo para alegrar um número bem reduzido de clientes. Mas pensar desse modo é ter uma visão reduzida. A visão a longo prazo são as oportunidades de mídia gratuita, quando o *Philadelphia Enquirer* descobrir o que a Hershey fez ao ler todos os blogs e tuítes que os clientes enviaram comentando o presente. Também não leva em consideração o que chamo de RCV (*relationship context value* – valor de contexto de relacionamento) da iniciativa. Algumas despesas desse tipo podem compensar, trazendo a lealdade permanente de pessoas que se sensibilizaram com a generosidade da empresa. Para começar, a Hershey deu assunto de sobra para seus clientes conversarem na hora do jantar. Segundo, muitos desses clientes – certamente os fãs que estavam on-line bastante tempo para a Hershey poder conversar com eles com frequência – irão tuitar e postar fotos e textos mesmo que estejam caminhando no parque. Então, em casa, quando uma amiga disser: "Queria tanto um dia levar as crianças à Disney", esses clientes terão motivos para perguntar: "Já pensou em levá-las ao Parque Hershey? Nós nos divertimos à beça por lá!", e contaria novamente a sua história. Por último, se tiverem mais filhos, ou netos, vão querer levá-los ao Parque Hershey para matar a saudade.

É difícil para alguns executivos aceitar a ideia de mimar clientes desse modo, porque grande parte dos diretores de empresas são pessoas de vendas, e não publicitários; se não podem fechar um negócio imediatamente, ver um item vendido ou enxergar uma margem mais larga de lucros, ou se não acreditarem que a iniciativa tenha força suficiente para mover a agulha, pensam que não valerá a pena. Mas não agradamos os clientes porque somos santos. Ao mesmo tempo que o melhor aspecto de surpreendê-los é o bem que fazemos a eles, sem falar do prazer que sentimos em disseminar felicidade, fazemos isso porque sempre há um ganho. Esse tipo de atitude possui um valor tremendo e pode gerar ainda mais negócios, graças aos cliques adicionais, às opiniões, às resenhas, aos tuítes e às atualizações de status que vêm após o resultado. As vantagens desse tipo de coleta de dados deveriam fazer sentido para qualquer diretor de empresa.

O dinheiro gasto para surpreender os clientes pode ter muito mais valor do que um anúncio no Facebook ou mesmo o salário de um gerente SEO. As grandes empresas, com seus orçamentos polpudos de publicidade e marketing, podem conseguir surpreender seus clientes, é claro. Um revendedor nacional de produtos eletrônicos pode pegar os quatro milhões de dólares de orçamento que normalmente teria investido em uma campanha de rua, com spots de rádios e comerciais de TV, e, em vez disso, usá-los para entrar em contato no Twitter com todos aqueles que completam 21 anos no dia 21 de abril. O tuíte poderia dizer: "Agora que já é maior de idade, precisa de um telefone de adulto. Feliz aniversário!", e incluir um desconto de 50 por cento em um iPhone 4. Esse tipo de promoção não seria fácil, mas teria o mesmo valor que quatro milhões de dólares de mídia gratuita.

O barato é que se pode mensurar a surpresa e o espanto do cliente, e ainda criar uma reação química e mágica. Por exemplo, e se você fizesse uma lista de vinte ou trinta clientes mais frequentes e enviasse a cada um deles um cartão de agradecimento escrito à mão com uma flor ou um pequeno presente? Esse gesto teria um custo baixo, porém produziria grande impacto. Pode parecer um pouco cafona, mas funciona todos os dias para pequenas empresas de todo o país. Você poderia ter feito algo parecido em 1999 e recebido um bom retorno de seus clientes com o aumento de fidelidade, e até algum boca a boca. Mas a diferença daquela época para agora é a distância maior que o boca a boca pode alcançar por intermédio de postagens em blogs, tuítes, fotos no Flickr e atualizações de status. Os efeitos da surpresa dos clientes podem viajar muito mais longe hoje, pura e simplesmente.

Raramente a mídia gasta semanas seguindo e analisando fabulosos anúncios de televisão ou campanhas virais de marketing por causa do dinheiro que foi investido neles. Chama a atenção porque há algo no conteúdo da campanha que está causando impacto sobre as pessoas. Não é o dinheiro que faz com que esses esforços sejam surpreendentes e espantosos, mas sim a atenção e a criatividade envolvidas. Agora mesmo, há uma fortuna no boca a boca que pode ser criado quando um veterinário envia um cartão de condolências manuscrito a clientes cujos animais de estimação morreram, junto com um livro de poesia, esboços de desenho do cãozinho e uma nota informando que uma doação no nome do cachorro ou gato foi feita para uma instituição de caridade. O mesmo pode ser dito de um dono de loja de material de construção ou funcionário que faça um vídeo personalizado para cada cliente que comprar um frasco de removedor, perguntando se funcionou e oferecendo dicas de como remover manchas. E haveria milhares de dólares de mídia gratuita a serem ganhos se uma padaria decidisse enviar um bolo de aniversário a todos os fãs de sua página no Facebook durante uma semana inteira. Certamente, esse tipo de esforço exigiria muita organização e horas de trocas de e-mails com os clientes para recolher endereços e saber os melhores horários para a entrega. Haveria um gasto inicial muito grande de produção também, mas você consegue imaginar a incrível mídia gratuita e a oportunidade de RCV? Esses são exemplos de pequenos presentes que surpreendem o cliente no ato da compra, sobre os quais poderá comentar e escrever, além de conferir muito mais valor a uma marca do que há cinco anos. O interessante é notar que, mesmo parecendo incríveis e pouco práticas, essas ideias, um dia, serão tão comuns quanto o frete gratuito é hoje para nós.

Nada é igual ao presente

Se você participa ativamente dos sites de redes sociais, deve ter recebido muitos presentes virtuais que hoje não fazem mais sentido. Mas você se lembra há três anos quando seus amigos no Facebook começaram a enviá-los? Viu aquela pequena caixa de presente virtual com um laço em cima e sorriu; significava que alguém havia pensado em você e perdido tempo para lhe enviar algo para fazê-lo feliz. As empresas deveriam procurar recriar esse sentimento com seus clientes todos os dias, especialmente agora que os descontos e a promessa de frete gratuito são tão comuns que sequer pesam na decisão do consumidor ao fazer sua compra.

O impacto reduzido do presente virtual, que, acho, só irá piorar nos próximos cinco anos, levanta uma boa pergunta: o que acontecerá quando começarem a receber cinquenta mensagens de texto de aniversário de cada empresa que já conheceram? Eu não acredito que isso acontecerá, pois acho que apenas uma porcentagem muito pequena de empresas levará a sério o atendimento ao cliente desse modo. Mas digamos que eu esteja errado e que muitas empresas descubram que poderão converter essa atenção em muito mais vendas do que com dez bilhões de cartazes nas ruas. Talvez 2 por cento das empresas usem essa estratégia ao longo dos próximos cinco anos. Uma vez que viram os resultados, outra leva de empresas entrará no jogo, mas provavelmente demorará dez anos até que mais da metade das empresas americanas implementem um tipo de atendimento que realmente surpreenda os clientes. Se isso acontecer, esse será o momento das empresas que já surpreendiam seus clientes antes de se readaptar. De acordo com o relatório de estatísticas da MailerMailer's divulgado em julho de 2010, as pessoas abriram 20 por cento menos seus e-mails em 2009 do que em 2007, de uma média total de 11 por cento de abertura de e-mails. Naturalmente, essa realidade fez com que as empresas mudassem o modo de usar os e-mails para atingir seus clientes. Também mudaram o modo de usar os anúncios em banners, porque não estão mais clicando do mesmo modo que costumavam fazê-lo quando os banners surgiram pela primeira vez nas telas dos computadores em 1994. Naquela época, os anúncios em banners obtinham uma média de 78 por cento de cliques; hoje, têm uma média estimada em 0,8 por cento. As empresas investem em tecnologia e depois adaptam o modo de usá-la o tempo todo. Por que acreditariam ser diferente com a mídia social?

Muita gente se diverte registrando suas opiniões clicando em "Curtir" ou comentando nas páginas de várias marcas no Facebook, mas elas não farão isso para sempre. Porém, apenas o fato de que uma iniciativa que funciona hoje deixará de funcionar do mesmo modo no futuro não é motivo para ignorar as oportunidades que oferece de se conectar aos clientes agora. Qualquer informação que coletar ajudará a montar um quadro das necessidades, dos desejos e dos interesses dos seus clientes. Embora precise redirecionar seus esforços quando deixar de funcionar como funciona hoje, seu esforço para se conectar com seus clientes no nível emocional deverá permanecer do mesmo modo – em 110 por cento.

PARTE III

A Economia da Gratidão em ação

CAPÍTULO 9

Avaya: indo aonde o povo está

Quando a maioria pensa em "sexy", ninguém se lembra do software de uma secretária eletrônica, de telefones de mesa e de roteadores. Funcionais, eficientes e totalmente despercebidos pelo mundo exterior, os sistemas de comunicações são o Spanx que dão suporte às empresas para que possam desempenhar suas funções com confiança, da melhor maneira possível. A Avaya, conhecida por desenvolver aplicativos, sistemas e serviços de comunicações de alto desempenho e até a prova de balas para empresas, vende produtos práticos e pouco sedutores. No entanto, está fazendo com que empresas B2B possam usar a mídia social com o mesmo sucesso que uma empresa física requintada.

A Economia da Gratidão em Ação

O principal objetivo da Avaya no Twitter tem sido acompanhar as perguntas técnicas de seus consumidores e superar as queixas e reclamações. Inicialmente mantendo mil interações – respondendo a perguntas e comentários etc.

– por semana, a equipe de mídia social agora encampa quase quatro mil conexões. Eles também desenvolveram um produto que alerta o departamento de atendimento ao cliente quando tuítes de reclamações precisam ser atendidos. A empresa estima que, ao adotar esse método, evitou perder aproximadamente cinquenta clientes, a um custo médio de venda de reposição de cliente em torno de dez mil dólares.

Um dia, um tuíte deu a Paul Dunay, o diretor-geral de Serviços e de Marketing Social, a chance de provar que prestar atenção à conversa com o consumidor nos sites das redes sociais poderia valer muito dinheiro. Como todos os tuítes, aquele que mudou o jogo da Avaya foi curto e simples: "Shoretel ou Avaya, preciso de um novo sistema telefônico com urgência". Dunay respondeu quase imediatamente: "Temos técnicos altamente treinados que podem ajudá-lo a compreender melhor suas necessidades e a tomar uma decisão objetiva. Ligue para mim". Treze dias depois, a Avaya fez uma venda de 250 mil dólares para o usuário do Twitter, que então tuitou: "[...] escolhemos a AVAYA como nosso novo sistema telefônico. Felizes com a tecnologia e os benefícios [...]"[1].

Onde a Avaya acertou

Ela mostrou a cara. A venda de 250 mil dólares poderia não ter acontecido se a Avaya não estivesse no Twitter. Qualquer especialista de rede ou de vendas lhe dirá que, se quiser fazer os contatos para fechar um negócio, a primeira coisa a fazer é aparecer. Os contatos continuam sendo feitos na *happy hour* e no café da manhã, mas também estão cada vez mais sendo feitos on-line. A Avaya apareceu onde poucos de seu ramo estão presentes e saiu carregando os louros. A Avaya estava alerta. A Avaya deu atenção. A Avaya fechou o negócio em treze dias.

Muitas empresas B2B ainda evitam a mídia social por não acreditar que seus clientes façam parte da população demográfica presente nelas. Mais de 60

---

1. Para mais detalhes sobre os esforços da Avaya na mídia social e sobre essa história, leia o artigo de Casey Hibbard, "It pays to listen" ("Vale a pena ouvir"), disponível em: <http://www.socialmediaexaminer.com/it-pays-to-listen-avayas-250k-twitter-sale/>.

por cento dos americanos usam a mídia social (e muitos mais estarão usando quando estiver lendo este livro); uma porção considerável desses usuários toma decisões B2B. Hoje parece bastante óbvio que qualquer um que tenha idade para usar um computador deva ser considerado parte da população demográfica da mídia social.

Ela mostrou a cara primeiro. As empresas que atuam com sucesso na mídia social à frente de seus concorrentes não apenas ganham uma fatia de mercado e mídia gratuita como também ganham em valor de marca. Por exemplo, o Burger King estima que ganhou mais de quatrocentos mil dólares em mídia gratuita com menos de cinquenta mil dólares de investimento com seu aplicativo BK Whopper Sacrifice (uma campanha de Amigos do Facebook). Essas empresas também são reconhecidas por sua visão e inovação, por serem inteligentes e tecnologicamente astutas. Essas qualidades podem levar quem esteja procurando oportunidades B2B a acreditar que trabalhar com esse tipo de empresa avançada seja uma proposta bem-sucedida. Os esforços da Avaya em oferecer um atendimento de primeira ao cliente foram recompensados por dois anos seguidos com um Prêmio J. D. Power pelo Destaque em Atendimento ao Cliente, bem como a entrada no Hall da Fama dos Prêmios STAR da Associação da Indústria de Serviços Tecnológicos. Ambas as honrarias conferirão um peso enorme à atividade da Avaya.

Ela se lembrou de que, por trás de cada transação B2B, há um C. O C em uma transação B2B – em geral um gerente, um representante de compras ou um comprador – quer o mesmo que qualquer outro consumidor quando toma uma decisão de compra: produtos e serviços de primeira qualidade e a certeza de que alguém está preocupado em atender da melhor maneira as necessidades comerciais daquela pessoa. Ao decidir se devem experimentar uma nova marca, os compradores normalmente falam com amigos ou colegas em quem confiam. Antes, eles davam alguns telefonemas ou mandavam alguns e-mails. Faziam algumas perguntas a um amigo enquanto comiam um lanche durante um jogo de beisebol, ou ao correr com alguém em volta do parque. Hoje, no entanto, eles podem ter um retorno e conselhos muito mais rapidamente e de uma quantidade de fontes muito maior simplesmente postando o que estão pensando em fazer no Facebook ou no Twitter. Cada vez mais as pessoas que tomam decisões B2B importantes ou fazem qualquer escolha de consumo estão usando essas plataformas para obter conselhos e informações de que precisam. Por exemplo, o departamento de mídia social aproveitou a oportunidade para oferecer suporte básico a um cliente frustrado. O cliente ficou tão impressionado com o serviço recebido que se tornou um fervoroso defensor daquela empresa. Para agradecê-lo, a empresa decidiu lhe enviar um presente da Avaya. Quando entraram em contato para obter o endereço postal, descobriram que ele era o CIO (*chief information officer* – diretor de informática) de uma grande financeira de Nova York. Toda interação conta ponto. Todo relacionamento tem seu valor.

CAPÍTULO 10

AJ Bombers: comunicando-se com a comunidade

Se acessar o site do AJ Bombers, você verá uma longa lista de tuítes passando do lado direito da página. Há uma longa conversa sobre hambúrgueres. O Caesar parece bem popular. Todos querem saber como ganhar um cartão de hambúrguer. Certa vez, havia uma discussão sobre quem havia deixado a gilete e passado a usar o barbeador elétrico. A conversa parecia não ter fim entre os fãs do AJ Bomber, talvez porque esse restaurante de hambúrgueres em Milwaukee, aberto em março de 2009 por Joe e Angie Sorge, insiste em continuar falando sobre isso.

Joe, o dono do AJ Bombers, faz de tudo para manter uma conversa desde o primeiro dia. Antes de mais nada, ele e a mulher abriram um restaurante que os críticos odiavam pelo tipo de comida e o ambiente, em um desses lugares onde o sonho dos chefes de cozinha de ascender ao estrelato culinário em geral sucumbe. Eles conseguiam isso mantendo os preços sem inflação – 4,50 dólares por um cheesebúrguer com alface e tomate, 7,50 dólares pelo Bomber, o mesmo sanduíche com molho de cogumelos grelhados. Faziam isso com um incrível sistema de entrega, em que os atendentes enchiam bombardeiros de brinquedo coloridos com amendoins, e lançavam por trilhos pregados no teto, que atravessavam a lanchonete e batiam num alvo do outro lado, despejando a carga numa lata. E inventaram isso imaginando que o melhor modo de fazer com que os clientes se importassem com seu restaurante era deixá-los ajudar a construí-lo.

Os clientes influenciaram cada aspecto da marca do restaurante. Criaram itens do cardápio, determinaram a escala de preços e as horas de funcionamento, sugeriram as promoções e até atendiam o bar em eventos filantrópicos. Por que Joe Sorge entregava tanto controle de seu estabelecimento aos seus clientes? Por duas razões. Primeiro porque relacionamentos pessoais alegram a vida e, segundo, porque, na Economia da Gratidão, isso vale a pena. E muito.

Conhecer sua base de clientes sempre foi uma prioridade para Joe Sorge. **A ideia de que se deve criar uma atmosfera amigável em um restaurante é elementar, mas, no AJ Bombers, os clientes on-line recebem tanta atenção quanto quem está sentado à mesa.**

A última frase do parágrafo anterior está em negrito por ser muito importante. Estou convencido de que a maior discrepância para os diretores de empresa está em entender como devem tratar os clientes que encontram pessoalmente e os que entram em contato por meio da internet, do iPad ou do telefone. Não deveria haver diferença. Os clientes ou potenciais clientes podem se exaltar quando estão pensando se devem usar seu produto ou serviço, ou não. Ficam imaginando o bem que lhes faria, o que poderiam fazer com ele, como poderia ajudar na sua vida ou no trabalho, como afetaria seus relacionamentos ou a família. Essas emoções existem tanto quando o consumidor está diante de você como quando está em um chat, IM, blog, Twitter, Facebook ou fórum.

Aliás, empresas tecnológicas em geral caminham em outra direção, esquecendo-se de falar com os clientes no "mundo real". Empresas como Groupon ou Microsoft parecem entidades incorpóreas e intocáveis, mas possuem clientes reais, e deveriam tentar encontrá-los ao vivo de vez em quando. Precisam procurar meios de reunir seus clientes, por exemplo, promovendo festas para comemorar um aniversário importante, ou organizar um encontro na prefeitura com apresentações de vídeo, onde os clientes se reúnam para discutir questões que gostariam de resolver. Poderiam pegar o telefone de vez em quando e falar diretamente com um cliente, apenas para cumprimentá-lo e descobrir se há algo que poderiam fazer para melhorar o seu atendimento.

As empresas que sabem como se conectar com seus clientes, on-line e off-line, são as que ascenderão nos próximos 24 a 36 meses, ganhando uma vantagem considerável em relação aos seus concorrentes.

Desde o começo, Sorge usou a mídia social para entrar em contato e construir relacionamentos com os amantes de hambúrgueres por toda Milwaukee, descobrindo o que gostam e o que não gostam, e perguntando-lhes o que poderia fazer para atendê-los melhor. Ele lê atentamente as resenhas da Yelp,[1] agradecendo os elogios e as críticas construtivas, desculpando-se e convidando os clientes insatisfeitos a voltar ao restaurante, de graça, para experimentar outras coisas.[2] Mais de uma vez essa oferta foi feita ao cliente até que este ficasse realmente satisfeito com a sua refeição. Em alguns casos, os clientes descontentes que aproveitavam a oferta de Sorge para continuar voltando até o restaurante "acertar" transformaram-se em clientes regulares, que normalmente avisam Sorge, com antecedência, quando pretendem aparecer.

A forma de Sorge encarar as resenhas negativas reflete a diferença de seu ponto de vista em relação às empresas tradicionais. Para ele, erros e gafes não devem ser escondidos, pois são uma oportunidade para obter mais informação de como melhorar da próxima vez e se conectar com o público. Quando, em uma sexta-feira, a grelha principal do restaurante quebrou e não poderia ser consertada a tempo para a hora do almoço, Joe instalou uma tela ligada à Ustream.com na frente do restaurante com transmissão ao vivo para que todos vissem o problema e assistissem ao que estavam fazendo para consertá-lo. Ele

---

1. Se você está no ramo de restaurantes e não está obcecado pela estratégia da Yelp, por favor, venda seu estabelecimento agora, enquanto ele ainda possui algum valor para seus negócios.
2. Isso é perfeito, um modo simples de utilizar boas maneiras e que raramente falha em causar boa impressão.

distribuiu amendoim e cerveja de graça. Até hoje, encontra pessoas que lhe dizem que, ao ver uma transmissão na Ustream, lembram-se do AJ Bombers toda vez que têm vontade de comer hambúrgueres.

Esse tipo de comunicação aberta funcionou para Sorges. Nos primeiros seis meses, o AJ Bombers estava operando bem e o restaurante já cobria os gastos. Nessa atividade, em que 60 por cento dos novos estabelecimentos fecham antes de completar um ano, não é tão ruim. Mas como passar a ter lucro?

Mantenha os olhos no horizonte tecnológico

Sorge sempre se comunicou com seus fãs por meio do Twitter, enviando centenas de tuítes diariamente. Ele concentrava todos os esforços em reunir os fãs para que experimentassem o AJ Bombers. Começou a criar eventos, como um bem-sucedido Holiday Tweetup, servindo cerveja e comida de graça, em parceria com outras empresas locais que distribuíam seus produtos. Então, ao procurar outros modos de atrair os clientes, percebeu algo sobre seus seguidores no Twitter. Todos estavam começando a usar o Foursquare, a plataforma de rede geossocial que confere pontos e "distintivos" a quem for a seus lugares favoritos e disser aos amigos onde estão.

Sendo assim:

- Joe começou a anunciar brindes aos usuários do Foursquare que viessem ao restaurante: amendoim por conta da casa e um hambúrguer de graça a qualquer um com frequência suficiente para se tornar o "prefeito" do lugar. Isso fez algumas pessoas se tornarem freguesas assíduas.
- Lançou uma página de "dicas e sugestões" na qual qualquer cliente poderia postar mensagens sobre o que pedir, o melhor prato e qualquer coisa que gostassem de deixar registrado. A recompensa? Um biscoito de graça.
- Também criou uma oportunidade para os usuários do Foursquare de receberem um Distintivo de Honra – conferido a reservas para mais de cinquenta pessoas –, convidando-os para um evento beneficente no domingo à tarde. Uma turma de 161 usuários do Foursquare tomou de assalto o AJ Bombers,

se divertiram a valer, postaram vídeos e tuitaram furiosamente sobre o evento, o que fez com que os pedidos do restaurante triplicassem aos domingos.

Sorge conversou com seus clientes e criou uma comunidade. Em maio de 2010, assistiu, em primeira mão, a como esse esforço é recompensado na Economia da Gratidão. A Sobelman, outra lanchonete de ponta local, ligou para Sorge e perguntou se queria se juntar a ele para convencer o *Food Wars* do Travel Channel a vir a Milwaukee e deixá-los disputar uma Batalha de Hambúrgueres. Sem problema. Sorge convocou as tropas e eles bombaram o e-mail, o Twitter e o Facebook do *Food Wars* até o Travel Channel concordar em mandar uma equipe para filmar o episódio. Há alguma dúvida do valor inestimável de seu restaurante aparecer em um programa nacional de televisão, cuja audiência é de apreciadores de comida?

Apenas sete meses depois de descobrir que estar aberto ao diálogo, aos conselhos e às opiniões dos clientes lhe daria um controle maior sobre seu negócio, o AJ Bombers dobrou – ouçam isso, dobrou! – sua receita.

No que o AJ Bombers acertou

Eles falam a língua dos seus clientes. Se Joe e Angie Sorge tivessem aberto o seu restaurante há dez anos, ainda assim teriam tido sucesso. Eles têm o instinto, a coragem e o sentimento, sem sombra de dúvida. Mas teriam levado anos para construir o tipo de comunidade de apoio que têm hoje, e teriam investido muito, mas muito dinheiro em marketing. Poderiam ter dado uma festa, gastado uma tonelada de dinheiro em convites e selos, e teriam vinte pessoas na porta e atingido cem, talvez duzentas, por meio do boca a boca. Hoje, conseguem colocar cem pessoas na porta e atingir milhares que estão longe, mas que adorariam estar lá. O que a história de sucesso do AJ Bombers nos revela é que, em nossa sociedade movida pelo boca a boca, se você conhecer bem seus clientes e falar a língua deles, terá grande chance de crescimento.

Eles não têm medo de tentar algo novo. O AJ Bombers ignorou o marketing tradicional, como a mala direta e os anúncios em jornal – tudo em que a maioria das empresas locais acredita –, em prol de uma plataforma disponibilizada em Milwaukee apenas em outubro de 2009. Na época do evento, havia apenas entre trezentos e quatrocentos usuários do Foursquare vivendo na área; o AJ Bombers conseguiu trazer um quarto dessas pessoas até seu restaurante em um único dia e aumentou sua receita em 110 por cento. Qualquer CMO de uma empresa de marca de consumidor teria jurado que não havia penetração de mercado suficiente no Foursquare que tivesse relevância para qualquer empresa. No entanto, em um pequeno ambiente, como em Milwaukee, se comparado a Nova York ou Los Angeles, o pequeno tem poder. Está na hora de começar a encarar os pioneiros tecnológicos como um microgrupo, talvez seu consumidor mais valioso, porque, se conseguir atraí-los, eles trabalharão muito para sua empresa. Se agir com esforço e dedicação, eles o recompensarão com uma quantidade imensa de mídia gratuita por meio da imprensa, do boca a boca, conferindo muita visibilidade.

O AJ Bombers recompensa as pessoas certas. O que eu mais gosto no que fazem é como recompensam os clientes por sua atenção. Poderiam ter comprado um outdoor, feito uma campanha no rádio, anunciado na televisão e tentado aumentar sua base de clientes às cegas. Quem teria faturado? A plataforma de propaganda, é claro – a empresa de outdoor, a estação de rádio, as redes de TV. Do modo como o AJ Bombers trabalha, quem fica com o dinheiro? O cliente que se arrisca a conhecê-los. Essa é uma das lições da Economia da Gratidão. Quando o AJ Bombers dá uma festa e distribui hambúrgueres e cerveja de graça, está gastando com os convidados o dinheiro que teria dado a uma plataforma de propaganda tradicional. É um modo completamente novo de gastar seu orçamento de marketing, e, na verdade, deveria ser muito fácil. Ou seja, com quem você prefere de fato gastar seu dinheiro: com um intermediário ou com quem sua empresa deveria atender? Isso deixará essas pessoas muito mais satisfeitas do que qualquer anúncio no rádio e lhe custará muito menos. No momento, essas plataformas não estão maduras o suficiente para determinar uma mudança na estratégia dos anunciantes para chegar até o consumidor, tirando-os das plataformas tradicionais. Essa é a oportunidade. Em vez de Clear Channel, Lamar ou Viacom obterem 40 por cento da demanda, as novas plataformas emergentes – Gowalla, Foursquare ou o que aparecer – terão 5 por cento do movimento, talvez 10 por cento. Esses números se baseiam nos dados de hoje, mas estou certo de que as margens poderão se tornar ainda mais atraentes quando se levar em consideração o ROI da equipe dedicada que você contratar para sair na linha de frente no atendimento aos seus clientes. Chegará o dia em que as empresas lotarão os depósitos com exércitos de pessoas apaixonadas por suas marcas, porque se importam com quem escolhe aquela marca e anseiam por contar sua história.

Posto isso, toda empresa pode convidar seus clientes para a festa. Mas, se fizer isso, que seja uma reunião de verdade, com comida e bebida, ou com uma transmissão ao vivo na Ustream, e deve ser algo tão legal a ponto de as pessoas dizerem: "Puxa, nunca se importaram comigo dessa maneira". Você pode decidir gastar três mil dólares, cinco mil dólares ou dez mil dólares em uma campanha publicitária durante uma semana que atrairá ou não o seu público, ou gastar o dinheiro em um evento (um que combine os dois objetivos de interação com os consumidores e fazer com que se divirtam muito) ou em uma campanha que não só deixe muita gente feliz como também repercuta à medida que falem, compartilhem e postem fotos. Colocado dessa maneira, qual é o investimento mais arriscado?

O custo da gratuidade

Você pode se perguntar como o AJ Bombers consegue ganhar dinheiro quando Joe Sorge distribui tanto de seu produto. Sorge respondeu essa pergunta em uma entrevista para a Forrester Research: "Este restaurante, em especial, tornou-se o restaurante 'deles'; eles SÃO o empreendimento". O AJ Bombers está sempre criando oportunidades para chamar a atenção dos clientes, e eles costumam gastar seu dinheiro em lugares com os quais se importam. Por exemplo, a enxurrada de informações geradas pelos clientes na página de "dicas e sugestões" fez com que a venda de um dos itens mais populares do restaurante, o Barrie Burger, aumentasse em 30 por cento. Esse lanche foi inventado por uma cliente chamada Kate Barrie e tem um molho especial de bacon, queijo e pasta de amendoim. É um hambúrguer com pasta de amendoim.

Claro que alguns clientes hesitariam em pedi-lo, mas, ao lerem os elogios de quem tinha acabado de degustar um, os comentários encorajaram mais clientes a experimentar. E eles gostaram. E voltaram para pedir mais.

Oferecer produtos e serviços grátis é uma bem conhecida tática usada em vários setores da indústria para atrair clientes, mas o Foursquare permitiu ao AJ Bombers prorrogar o prazo dessa tática indefinidamente. Se você não se liga nesse tipo de coisa, pode não entender por que os usuários do Foursquare desejariam o título de prefeito em restaurantes que visitam com frequência, ou por que iriam até lá para ganhar distintivos. Isso não faz a menor diferença para você, não é? O fato é que eles se importam. E, como qualquer um pode tomar o lugar do prefeito, é necessário constância para manter o cargo. O que poderia ter sido apenas uma promoção por tempo limitado se transformou em um jogo divertido, lucrativo e contínuo de esportividade – um teste de fidelidade e um sinal de conhecimento do assunto.

Pode parecer maluco, mas os jogos on-line também estão se tornando cada vez mais parte da identidade de muitos usuários. Quando as mães gastam dinheiro de verdade para comprar vacas virtuais no Farmville, você percebe que os jogos atingiram patamar elevado. Mais de duzentos milhões de pessoas jogam de graça no Facebook. A Target agora vende cartões de crédito para presentes do Facebook, e a 7-Eleven uniu-se numa promoção à Zynga, que fabrica jogos como Farmville e Mafia Wars. Mais uma vez, você pode não achar graça em jogar nada disso, mas um monte de consumidores acha, então, faça o que eles gostam.

Se acho que todo restaurante deveria dar comida de graça toda vez que veem uma reclamação ou uma resenha negativa na Yelp? Não. Haverá quem queira comer de graça o ano inteiro aproveitando esse fenômeno social. É preciso usar isso de maneira inteligente. É difícil imaginar a intenção por trás de uma reclamação – as reclamações são autênticas, ou o cliente está fingindo insatisfação?

O que se pode fazer, no entanto, é manter uma estatística sobre o cliente que aponta os fatos negativos. Se um cliente postar na Yelp que detestou um restaurante, o gerente pode responder, lincá-lo a um sistema como o Open Table, que acompanha as reservas feitas on-line, e puxar um relatório seis meses depois para ver se esse cliente retornou e quanto ele gastou.

A escala pessoal

O AJ Bombers corresponde a apenas um restaurante, mas esse tipo de estratégia de recompensar o cliente não se limita a pequenas empresas locais. A Starbucks dimensionou esse tipo de recompensa ao cliente em escala nacional; o McDonald's, o Einstein Bagels e a KFC também entraram nessa. A Economia da Gratidão funciona quando se constrói um sentido de comunidade em torno de sua marca, não apenas por vendê-la.

CAPÍTULO 11

Hotéis Joie de Vivre: dando atenção às grandes e às pequenas coisas

O nome Joie de Vivre, a maior empresa hoteleira de luxo da Califórnia, já diz tudo. O presidente executivo e fundador Chip Conley poderia ter colocado seu próprio nome (Conley Hotels é um nome bastante respeitável), ou poderia ter escolhido o nome da rua do seu primeiro hotel, perto do distrito de Tenderloin, em San Francisco, a Eddy Street. Ele poderia ter preferido um nome que remetesse às raízes californianas da empresa. Em vez disso, deu ao seu hotel um nome estrangeiro e um pouco difícil de pronunciar. Apesar disso, é perfeito. Trazer a "alegria de viver" aos clientes é exatamente o que a empresa de Conley tenta fazer todos os dias. Você pode supor que isso deveria fazer parte do percurso de qualquer um que trabalhe no ramo hoteleiro, mas é fácil imaginar que, quando os clientes experimentam um Hotel Joie de Vivre, percebem que falta algo nos demais hotéis. É uma empresa que está fazendo tudo para aperfeiçoar a arte da customização, algo que as pessoas podem sentir a partir do momento que começam a procurar um lugar para passar a noite.

Atendimento preferencial personalizado

Quando os hóspedes chegam, são recebidos no balcão de recepção por um atendente cujo perfil está descrito num cartão. Ele explica um pouco sobre quem está trabalhando naquele dia e apresenta suas recomendações sobre o que os hóspedes devem evitar para não perder tempo. Dizer que "amamos este lugar e queremos que o ame também" é um excelente modo de começar uma conversa e estabelecer o clima para a estada do hóspede.

A partir daí, podemos imaginar as surpresas agradáveis que um hóspede poderá ter. O hotel apura todas as informações disponíveis sobre o hóspede quando faz uma reserva, e a empresa incentiva, até mesmo desafia, os funcionários a usar essas informações para aproveitar cada oportunidade de proporcionar ao hóspede uma estada inesquecível por meio de uma iniciativa chamada Programa dos Sonhos. Isso pode ser expresso por meio de pequenas gentilezas, como comprar um bolo de aniversário para o hóspede ou homenagear recém-casados com um buquê de flores e uma garrafa de champanhe. Os funcionários votam no melhor Programa dos Sonhos do mês e aqueles que recebem esse prêmio são os que criam a melhor recepção para os hóspedes. Por exemplo, Jennifer Kemper, gerente de reservas do Hotel Durant, em Berkeley, contou esta história sobre como o amor materno a inspirou a criar uma cesta de boas-vindas extraespecial:

> Conheci a sra. Z em meados de setembro. Ela havia pedido para falar com um gerente, porque estava tentando prolongar sua permanência no hotel e estávamos sem quarto disponível para ela. Ela me contou que ficara hospedada em outros hotéis na região, mas o Durant era o único que fazia com que se sentisse em casa. Percebi que seus olhos se encheram de lágrimas e perguntei-lhe se estava bem. Então ela me disse por que tinha precisado ficar hospedada no hotel tantas vezes por tanto tempo. Seu filho de vinte anos estava com câncer e, apesar disso, continuava estudando na University of California Berkeley. Ela vinha para acompanhá-lo nas sessões de quimioterapia. Sendo mãe de um menino, imediatamente compadeci-me de seu sofrimento e meus olhos também marejaram. Toquei sua mão e disse-lhe que garantiria que ela continuasse no hotel.

Poucos dias depois, continuava pensando nessa mãe, e decidi que seria uma candidata perfeita para o Programa dos Sonhos. Então, fui até a Telegraph Avenue, em Berkeley, e encontrei essa maravilhosa loja de chá aromáticos. Achei uma caneca de cerâmica em formato de libélula com um coador interno e, em seguida, comprei uma lata de chá de camomila fresca, com lindas flores secas. Como toque final, também trouxe três girassóis para alegrar seu quarto. Escrevi um cartão que dizia: "Para uma mãe amorosa, que merece relaxar. Sua família está em nossas orações e em nossos pensamentos". Ela veio até a recepção no dia seguinte e me agradeceu, e novamente começamos a chorar. Disse-me que contara a toda a família sobre meu gesto especial, que tocara a mim e a ela. A sra. Z continuou hospedada conosco até o filho se formar na universidade.

Realizar o sonho de alguém também pode ser uma diversão. No Shorebreak, na Huntington Beach, TJ Ransom, gerente de relacionamento, conversou com a noiva, cuja festa de despedida de solteira aconteceria no hotel. Como morador da cidade, ele conhecia todos os donos de bares e restaurantes da região; então, quando as moças chegaram, foram surpreendidas ao serem levadas para um giro pelos cinco bares mais frequentados da cidade, com recepção VIP e uma rodada de bebidas, com jogos e brincadeiras. Ao voltarem para o hotel, encontraram o quarto decorado nas cores preferidas da noiva, travessas de morangos cobertos de chocolate e uma tábua de queijos.

O boca a boca funciona

Consegue imaginar quantas vezes a sra. Z e sua família comentaram sobre a consideração de Jennifer? Quantos tuítes, quantas fotos e quantos vídeos via Twitter, Facebook ou Tumblr você imagina que a noiva e suas amigas enviaram durante a noite incrível como cortesia de TJ? E se uma das damas de honra tivesse uma amiga que trabalhasse na ABC News, e um de seus amigos fosse um jornalista que estivesse procurando uma matéria sobre entretenimento para o *20/20*? Quantas postagens em blogs sobre gentilezas casuais ou festas de despedida de solteiro mencionando hotéis foram escritas? Quantas vezes as postagens foram compartilhadas e circularam pelas comunidades on-line de todas essas pessoas? Aposto que essas histórias ganharam um bocado de atenção e serão lembradas da próxima vez que qualquer um que ouviu falar delas tiver de viajar à Califórnia. O que os funcionários desses hotéis fizeram para agradar os seus hóspedes durante sua estada teria sido bem-vindo a qualquer tempo, mas o impacto desses gestos e dessas atitudes teve um alcance e uma consequência muito maiores graças à Economia da Gratidão.

O atendimento personalizado ao cliente e o toque pessoal que o Joie de Vivre demonstra tão brilhantemente em seus hotéis estendem-se à sua presença on-line. O Joie de Vivre criou o Yvette, o primeiro serviço de busca hoteleira on-line, para ajudar os hóspedes a escolher qual de seus hotéis proporcionarão o melhor "acolhimento pessoal", como Conley gosta de chamar. Cada um dos 34 hotéis tem uma personalidade distinta e, com base nas respostas dadas a cinco perguntas simples, o Yvette pode recomendar aquele que mais se identifica com você. Um viajante urbano pode ser conduzido ao glamoroso Galleria Park, ao passo que outro com atração por bules de chá prefira ficar no B&B – White Swan Inn. Há um padrão para cada tipo de pessoa. Juntamente com uma lista de sugestões de hotéis, o Yvette mostra uma apresentação, com fotos, de alguns moradores que têm dicas sobre coisas para fazer e lugares para ir para aqueles que preferem opções menos turísticas. Chip Conley é um deles. Isso mesmo – o fundador do hotel quer mostrar-lhe a cidade. Um barato.

Ann Nadeau, diretora de marketing empresarial do Joie de Vivre, tem uma resposta engraçada quando lhe perguntam sobre a porcentagem de seu orçamento para criar o boca a boca: "Como dimensionar MUITO em uma porcentagem? Nosso orçamento de marketing é tão pequeno que dependemos dessa 'boquinha'". Criar momentos inesquecíveis para os clientes nos hotéis e em seu site é um modo de criar comentários, mas o esforço para conversar com os hóspedes é também impressionante nos bastidores.

Há uma equipe de mídia social formada por quatro pessoas na sede da empresa e que se dedica à divulgação da marca. Junto com os gerentes gerais de cada hotel, elas conversam e respondem aos clientes na Yelp, no Twitter, no Facebook, no Foursquare, no Yahoo Travel e em outros canais de redes sociais.

Além disso, coordenam os responsáveis pela mídia social de cada hotel, que diariamente postam no Twitter e no Facebook. Esses responsáveis também participam de "encontros na mídia social" de toda a empresa, onde podem compartilhar as melhores práticas e ideias com os demais, para que cada hotel maximize a aproximação pessoal com cada cliente.

Para acompanhar os esforços na mídia social, a empresa consulta as atualizações diárias e um sistema de marcação da Revinate, que monitora e administra as resenhas on-line e os sites de mídia social exclusivamente para hotéis. Também acompanha de perto as resenhas e avaliações de consumidores da TripAdvisor. Não é surpresa constatar que, durante o primeiro trimestre de 2010, dois terços dos hotéis Joie de Vivre estavam entre os dez mais da TripAdvisor em sua área geográfica.

A empresa oferece aulas sobre mídia social a todos os funcionários interessados por meio de seu programa de desenvolvimento profissional interno chamado JdV University, e as apresentações na mídia social são feitas regularmente em assembleias gerais da diretoria.

Como outras empresas que examinamos, que investiram bastante e se beneficiaram imensamente da mídia social, o Joie de Vivre a usou para ajudar a compensar a recente virada econômica que devastou grande parte da indústria hoteleira. No verão de 2009, o Joie de Vivre começou a oferecer promoções exclusivas de quartos de hotel para seguidores do Twitter às terças-feiras, e para os fãs no Facebook às sextas. Na primeira temporada da promoção, a empresa reservou mais de mil quartos que teriam ficado vagos. Com muito pouco investimento, a promoção continua a trazer um fluxo constante de receita que aumenta os rendimentos da empresa.

No que o Joie de Vivre acerta

A MENSAGEM VEM DE CIMA. Estabelecer o tom e a base cultural de empatia e excelência é essencial para o sucesso na Economia da Gratidão. A mensagem de que o diálogo pessoal e o atendimento ao cliente são uma prioridade tem de vir do alto escalão da empresa. Chip Conley oferece a seus funcionários amplas oportunidades de treinamento, a liberdade de pensar de maneira criativa e emocional, e demonstra e reforça continuamente seu compromisso em oferecer um atendimento personalizado e individual com o maior número de hóspedes possível.

Sua intenção vem do lugar certo. A empresa parece trabalhar muito para equilibrar sua expectativa comercial – para crescer de maneira lucrativa – com sinceras intenções – para oferecer aos hóspedes uma estada única, personalizada e inesquecível. Por exemplo, ao poder escolher qualquer hóspede como candidato para seu Programa dos Sonhos, os funcionários são estimulados a destacar os clientes frequentes ou hóspedes que possam divulgar pessoalmente o hotel.

Contrata pessoal que se identifica com o hotel. Só é possível criar esse atendimento inesquecível com frequência quando a empresa possui uma reserva de criatividade, atenção e empatia entre seus funcionários. Eis por que diretores ou gerentes determinados quanto à excelência no atendimento ao cliente precisam se certificar de que seus funcionários têm o mesmo tipo de visão que a deles e acreditam na missão da empresa até o último fio de cabelo. Se não acreditarem, deverão ser substituídos na primeira oportunidade. A diferença entre o desempenho de uma empresa com funcionários que realmente se importam e outra com funcionários que se importam porque são pagos para isso é a mesma entre o Bruce Springsteen e o Milli Vanilli.[1]

Utiliza "táticas de aproximação". Uma estratégia de atenção normalmente suplanta a tática, mas, quando é usada com a intenção correta, a tática consegue ajudar uma marca a atingir a grandeza. O Joie de Vivre usa

---

1. Milli Vanilli foi uma dupla de *reggae* e *dance music* formada por Frank Farian, na Alemanha, em 1988, cujos integrantes eram o afro-francês Fab Morvan (14/5/1966) e o germano-americano Rob Pilatus (8/6/1965 - 2/4/1998). O álbum de estreia alcançou altas vendas internacionais e recebeu um Grammy Award de Melhores Artistas Estreantes em 1990. No entanto, o sucesso acabou ao perderem o prêmio após ter sido revelado que a dupla não cantava de fato no disco. (N. T.)

táticas de um modo específico e brilhante. A intenção da maioria das táticas, bem como das campanhas publicitárias, é entreter, informar ou chamar a atenção do consumidor para atraí-lo. De modo geral, a tática do Joie de Vivre procura lembrar os consumidores por que eles devem se importar com a marca e ampliar suas impressões positivas com relação a ela. As táticas individuais que forem verdadeiramente orientadas beneficiam quem já expressou publicamente uma afinidade com a marca. Muitas também são determinadas para aproximar pessoas que trabalhem para a empresa em todos os níveis para pensar tanto com o coração quanto com a cabeça. Trabalhar para essa empresa é ser desafiado diariamente a desdobrar-se da melhor maneira possível.

Embora eu seja um fã de carteirinha do Joie de Vivre, em meados de setembro de 2010 notei que eles estavam "embromando" um pouco mais do que eu gostaria de ver. De fato, por três dias consecutivos no começo de setembro, tuitaram apenas quatro vezes e, em cada uma delas, estavam apenas apresentando promoções de quartos, em vez de criar conversas com os clientes. Em geral, eles são muito bons em se ligar emocionalmente com os clientes, por isso espero que, no futuro, vejamos menos táticas de promoção e mais tuítes que atraiam seus hóspedes, para que experimentem a Economia da Gratidão do modo que só o Joie de Vivre sabe fazer.

> **JDVHotels** Joie de Vivre Hotels
> obrigado @six16 pela sinalização
> http://bit.ly/cFZXDy
> 30 de agosto

> **JDVHotels** Joie de Vivre Hotels
> Green TV! @HotelCarltonSF está com o certificado Green
> Business http://www.youtube.com/watch?v=A8NhFlklhNE
> http://fb.me/Fnevgugu
> 30 de agosto

O Joie de Vivre descobriu os pequenos e os grandes detalhes que mais importam para construir a identidade de uma marca. É evidente que os aspectos intermediários são importantes para a sobrevivência de uma empresa, mas são as iniciativas individuais que ficam em evidência – os pequenos detalhes e os grandes gestos – que causam impacto e geram comentários.

CAPÍTULO 12

Irena Vaksman, cirurgiã--dentista: um pequeno ato explode nas mídias sociais

Muitos dizem que ir ao dentista é uma das experiências mais assustadoras e desagradáveis da vida, mas aposto que estes não são pacientes da Dra. Irena Vaksman, formada há quase dez anos, que abriu há pouco um consultório particular em San Francisco. Eu nunca conheci a dra. Vaksman e, que eu saiba, ninguém que eu conheça já foi atendido por ela. Mas sei que os pacientes da dra. Vaksman a adoram, e também adoram sua equipe, seu consultório tipo spa e os incríveis "óculos de cinema" que podem usar para se distrair durante o tratamento, porque eles contam isso na Yelp e no Facebook.

Alguns podem pensar que é um pouco estranho ver médicos fazendo propaganda de si mesmos na rede social, mas a dra. Vaksman está simplesmente abrindo o caminho por onde outros médicos e dentistas um dia terão de seguir. Em um lugar onde metade da população adulta dos usuários on-line está vez por outra procurando resenhas e comentários na internet para tomar decisões de cuidados com a saúde, faz sentido que os profissionais que forneçam tratamentos de saúde estejam lá, prontos para falar com eles também. De acordo com um relatório de 2009 do Pew Research Center, 61 por cento dos adultos procuram informações sobre tratamentos de saúde na internet. Desses, 59 por cento já fizeram pelo menos uma das seguintes coisas:

- Leu um comentário ou uma história sobre assuntos médicos ou sobre saúde em um grupo de notícias, site ou blog na internet.
- Consultou classificações ou resenhas sobre médicos ou outros especialistas on-line.
- Consultou classificações ou resenhas sobre hospitais ou outras clínicas médicas on-line.
- Inscreveu-se para receber atualizações sobre assuntos médicos ou relativos à saúde.
- Ouviu uma gravação sobre assuntos médicos ou relativos à saúde.

Além da informação contida no Facebook, a dra. Vaksman também poderá ser encontrada no Twitter, no YouTube e no LinkedIn. Ela utiliza todos esses canais para compartilhar informações, educar o público e ficar disponível para seus pacientes toda vez que eles têm uma pergunta, um comentário ou uma dúvida a esclarecer.

A intenção ideal

De acordo com Robert Vaksman, marido da dra. Vaksman, advogado, que também gerencia os negócios por meio da mídia social, sua mulher abriu o consultório com um objetivo em mente: oferecer o atendimento ideal ao paciente. Esse tipo de atendimento precisaria necessariamente abarcar os padrões de tratamentos dentários mais avançados e tecnologicamente mais atualizados. Ela também precisaria estabelecer relacionamentos pessoais duradouros, que só poderiam ser conquistados se, a cada consulta, ela dispendesse tempo para se relacionar com os pacientes, conhecendo-os melhor e provando que ela se importava não apenas com os dentes deles, mas com o bem-estar geral. Porém, para demonstrar esse atendimento especial, ela primeiro tinha de conseguir nova clientela para seu consultório.

Usando a mídia social para se diferenciar

Como era de esperar, a mídia social, que fornece a plataforma perfeita para estabelecer relacionamentos próximos entre o comerciante e o consumidor, também foi a plataforma que ajudou a dra. Vaksman a se diferenciar dos milhares de outros dentistas já estabelecidos na densa área urbana de San Francisco (bem como no concorrido centro médico no qual seu consultório se localiza). Além de marcar presença no Facebook, no Twitter, no YouTube e no LinkedIn, ela foi a primeira dentista da cidade a oferecer um Groupon, e a experiência trouxe uma imensidão de novos pacientes para o recém-aberto consultório. Infelizmente, a resposta superou a expectativa: Robert diz que a procura de pacientes foi maior do que eles poderiam atender. O consultório recebeu centenas de pedidos de consulta e alguns pacientes que não receberam o atendimento excepcional que a dra. Vaksman queria oferecer postaram sua frustração na internet. Robert explicou: "O volume significante imediatamente expôs nosso ponto fraco no balcão de atendimento, que é nevrálgico no relacionamento com nossos pacientes, quando só se tem uma chance para causar uma boa impressão". No entanto, o que algumas empresas considerariam uma experiência negativa com a mídia social, a dra. Vaksman e Robert viram como uma excelente oportunidade: abriu o caminho para rapidamente descobrir onde precisavam fazer ajustes na equipe e na marcação de consultas. As pequenas empresas, em geral, apresentam um tempo mais curto de reação e adaptação do que as grandes, mas está se tornando cada vez mais crucial para as grandes empresas e marcas melhorarem o tempo de resposta e adaptarem-se rapidamente também.

Lidando com a crítica e tirando vantagem dela

O modo como uma empresa ou marca lida com a crítica em um fórum público é mais importante do que a maneira como recebe elogios.

A dra. Vaksman parece compreender algo que mencionei nos primeiros capítulos deste livro – o cliente que reclama usando mídia social é melhor do que o silencioso, pois é possível conversar com o cliente que se importa em reclamar. Se for justificável, há como pedir desculpas. Se quiser, você pode se explicar ou solicitar uma segunda chance. No mínimo, você pode dizer publicamente que não aceita que um cliente fique insatisfeito. A plataforma que dá aos consumidores esse tremendo poder na Economia da Gratidão também dá às marcas a chance de salvar o relacionamento com o cliente. É possível ver o resultado do compromisso da dra. Vaksman com os pacientes insatisfeitos na Yelp. Por duas vezes, aqueles que se queixaram sobre seu atendimento postaram atualizações anunciando que a equipe da dra. Vaksman se empenhou em resolver seu problema. O destino do consultório da dra. Vaksman está em sua habilidade de fazer um trabalho surpreendente e ganhar a confiança de sua clientela. Com base nas resenhas iniciais na internet, e diante da prova de que ela está conseguindo reverter a insatisfação dos pacientes, ela parece estar tendo sucesso.

Em geral, há dois tipos de consumidores que escrevem na internet – aqueles que tiveram uma experiência maravilhosa e aqueles que tiveram uma experiência terrível. Qualquer médico que não tenha absoluta certeza de estar oferecendo o melhor serviço não pode entrar no Facebook ou na Yelp, ou mesmo no Citysearch ou no Angie's List. Qualquer um que ofereça um mau atendimento está pedindo para ser desmascarado nesses sites. Alguns clientes, por exemplo, mesmo depois de ter lido resenhas negativas sobre eles, continuam frequentando este ou aquele restaurante, pelo preço ou pela proximidade. Mas poucos pacientes se submeterão a um médico se os testemunhos que leem sobre ele não forem altamente positivos, como os que são escritos sobre a dra. Vaksman. A mídia social é o meio perfeito para médicos inteligentes e bons o suficiente aproveitarem o que essas plataformas têm a oferecer.

O poder de ser o primeiro no mercado

Seja como for, de que modo eu sei a respeito da Dra. Vaskman? Nós moramos em cidades diametralmente opostas do país, e eu nunca precisei ir a um dentista (bata na madeira) durante nenhuma das minhas viagens à costa Oeste. A consciência nacional que sua empresa recém-inaugurada conquistou é resultado de duas importantes crenças da Economia da Gratidão sobre as quais eu falo frequentemente: (1) o valor de mídia adquirido por ser o primeiro no mercado não tem preço; e (2) a qualidade de seus fãs e seguidores é muito mais importante que a quantidade deles.

Basta um cliente

Se Irena Vaksman não tivesse entrado em todos esses sites de mídia social, Loïc Le Meur provavelmente não a teria mencionado, a menos que alguém que ele conhecesse lhe pedisse para recomendar um dentista. Mas Loïc Le Meur é muito interessado em mídia social – é um empresário conhecido internacionalmente que criou o software social Seesmic, tendo sido apontado pela *BusinessWeek* como uma das 25 personalidades mais influentes da internet em 2008. Portanto quando Le Meur descobriu que sua nova dentista estava na mídia social, ele achou que valia a pena escrever sobre isso e postou sua opinião no seu blog. Como a maioria dos pacientes da dra. Vaksman, ele a elogiava e estava satisfeito com o excelente tratamento que recebia e com o uso de tecnologias de ponta no consultório. Ele questionava, no entanto, se a dra. Vaksman estava usando seus sites de rede social de maneira adequada e se realmente precisava deles. Afinal, não é fácil manter-se presente em todas as redes simultaneamente e Le Meur se perguntava que tanto assunto uma dentista conseguia encontrar para falar. Novamente, diante de uma crítica, o casal Vaksman aproveitou a oportunidade para abrir o diálogo e escreveu para explicar sua estratégia na mídia social e seus planos futuros. A conversa resultante mostrou aos leitores como a dra. Vaksman era como empresária e dentista profissional. Podemos ler a conversa toda no site de Loïc Le Meur.[1]

A partir dali, a TechCrunch pegou a história, e decidiu citar a dra. Vaksman em um artigo sobre como as pequenas empresas estão usando a mídia social. Além disso, Robert Vaksman foi convidado para participar no TechCrunch Social Currency

---

1. <http://loiclemeur.com/english/2010/07/does-my-dentist-really-need-a-facebook-fan-page-youtube-channel-and-a-twitter-account.html>.

CrunchUp mais adiante, no mesmo mês. Toda essa exposição aconteceu porque o casal Vaksman não hesitou em tentar algo novo: não se restringiram a nada.

Deve-se notar que adotar a mídia social desde cedo não é a única razão pela qual a dra. Vaksman recebeu tanta atenção. Ninguém teria prestado a menor atenção se a maioria dos comentários deixados em seus sites não fosse altamente positiva. Mas é, e elogiam tudo, da gentileza de sua equipe à perfeição da higiene e dos exames, além de sua disponibilidade pessoal. Essas boas resenhas provavelmente explicam por que os usuários do Facebook formam cerca de 19 por cento dos frequentadores dos sites da dra. Vaksman. A combinação do atendimento incrível aos clientes mais o poder do boca a boca levou ao que parece ser um começo bem sólido desse novo consultório.

É melhor engatinhar antes de correr

Observando os sites da dra. Vaksman, concordo com Loïc Le Meur — ela poderia fazer mais: oferecer mais trocas, mais conteúdo criativo e contribuir nas discussões sobre escovas de dente, cremes dentais, cáries, tratamentos de canal, aparelhos dentários, mau hálito, câncer bucal, branqueamento de dentes e outros tópicos de saúde bucal que devem estar sendo discutidos em algum lugar no espaço da mídia social. Ao responder à postagem de Le Meur, Robert Vaksman diz: "Temos a intenção de participar mais do Facebook — e de outros sites. Talvez precisássemos ter feito isso antes, mas queríamos primeiro focar em construir uma presença on-line agradável, atraente e amistosa". Acho ótimo caminhar antes de começar a correr, mas estou esperando para ver o que acontece quando os Vaksman intensificarem o passo de suas campanhas na mídia social.

No que a dra. Vaksman acertou

Ela mostrou uma boa intenção no começo. A dra. Vaksman começou seu consultório com o objetivo expresso de oferecer um atendimento mais pessoal, embora também fosse tecnologicamente o mais avançado.

Surpreenda-os! Os pacientes adoram usar os óculos de cinema. Eles adoram o ambiente tranquilo de spa do consultório. Adoram a vista do vigésimo terceiro andar que se descortina pela janela. Adoram o exame dentário minucioso feito pela dentista. Parece haver muita coisa adorável sobre o atendimento que ela oferece.

Estabeleça a cultura. Quando a enxurrada de novos pacientes trazidos pelo Groupon revelou que alguns membros da equipe de atendimento não haviam compreendido os altos padrões do seu serviço, ela os substituiu.

Se for pequeno, faça de conta que é grande

A dra. Vaksman está mostrando ao mundo do marketing que aquilo que funciona para os grandes, como a Best Buy, também pode ser redimensionado para os pequenos. Talvez o seu parceiro não seja o seu sócio e não possa dedicar tempo para administrar a sua mídia social para que você possa focar naquilo que sabe fazer melhor. Não importa – contrate alguém que possa. Não é cedo demais para que as pequenas empresas comecem a contratar gerentes de mídia social (ou gerentes de comunidade, como gosto de chamá-los). Meu pai pensou que eu estivesse maluco em 1999 quando insisti que precisávamos contratar um *web designer*; nada em sua experiência lhe dizia que seria prudente uma loja de bebidas se preparar para o comércio on-line. Felizmente, eu não tive de apelar – alegando que tínhamos crescido mais de três vezes em um ano, então não tínhamos por que não tentar –, porque fui abençoado com um pai que confiava em mim e me deu toda a liberdade para fazer o que eu achava que seria certo, desde que soubesse explicar os meus motivos. Acredito que muitas pequenas empresas estão enfrentando essas discussões agora. Se você não administrar as suas comunidades, sim, terá de contratar alguém que as administre. Mas terá de acabar fazendo isso de qualquer maneira; portanto, comece a prever o orçamento para isso agora. Se tiver mais de dez funcionários, poderá economizar algum dinheiro se descobrir quem poderá ser mais bem utilizado na mídia social. Procure novos pontos de vista e encontre novos modos para desenvolver suas estratégias de marketing. Inove, senão morrerá.

Mesmo você que é dono de um pequeno consultório médico (ou de uma pequena empresa de qualquer tipo) e não vive em um meio tecnófilo como San Francisco deverá criar sua presença na mídia social. Os clientes de sua região podem ser um pouco mais lentos para acessar a internet do que em outros lugares do país, mas eles estão chegando. Se as pessoas em San Francisco conversam com seu dentista na internet, logo os pacientes de Kentucky farão o mesmo. Na verdade, é provável que já o estejam fazendo.

Nunca se sabe, não é? Nunca se sabe qual plataforma dará certo. Nunca se sabe qual cliente será o mais importante para a sua empresa. A única maneira de se preparar para todas as oportunidades é arriscar; não importa o que aconteça, trate todo cliente, seja on-line ou pessoalmente, como o mais importante do mundo.

CAPÍTULO 13

Hank Heyming: um exemplo de filosofia e intenção bem-apresentadas

O que dizer de um advogado que usa o Twitter?
Ele é inteligente.
Hank Heyming é um advogado que tem usado as ferramentas da mídia social para aumentar sua clientela dentro de um escritório de advocacia, personalizar o seu trabalho, comunicar-se com seus clientes e iniciar uma comunidade. Podem existir muitas postagens em blogs, no Twitter, no Skype, de advogados que exerçam sua atividade dos dois lados do continente americano, mas em Richmond, Virgínia, Heyming se destaca como um exemplo de como é possível implementar e atuar de maneira adequada com relação à cultura do grupo, e sua intenção pode colher grandes recompensas na Economia da Gratidão.

Tirando vantagem da filosofia

A cultura tem tudo a ver com o sucesso de Heyming. Ele tem a sorte de trabalhar em uma empresa que compreende que estamos vivendo e operando em um mundo em que a cultura da confiança e da transparência impele as empresas. Nas palavras de Heyming, a Troutman Sanders, onde ele advoga, é "iluminada", um termo pouco comum para designar escritórios de advocacia. Como já dissemos, advogados em geral não apreciam riscos e são conservadores quando a questão é adotar quaisquer inovações tecnológicas que aumentem a exposição da empresa ou da marca à opinião pública. Enquanto a nova geração de formandos da faculdade de Direito pode achar totalmente normal ter sua vida, seu pensamento e sua opinião abertos ao julgamento no Facebook e no Twitter, normalmente os advogados com mais de quarenta anos ainda receiam entrar nos sites das redes sociais, e é razoável acreditar que estejam à frente de grande parte dos maiores escritórios de advocacia. É provável que muitos deles fiquem até mesmo nervosos com a ideia de deixar que seus funcionários falem livremente on-line – até advogados que sabem o que estão falando podem cometer grandes erros de julgamento, como qualquer outra pessoa; eles foram repreendidos, multados e até mesmo despedidos por postarem informações sobre casos ou reclamarem de clientes e juízes on-line. A cultura da Troutman Sanders parece ser inusitada em termos de confiança para uma grande empresa de advocacia. De acordo com Heyming, ela de fato encoraja seus advogados a trazerem formas criativas e inovadoras para a prática da advocacia. Não posso dizer se a empresa incorporou todos os passos que mencionamos no Capítulo 4, mas, se Heyming tem tanta liberdade como parece ter, o escritório impressiona ao confiar tanto em seus funcionários, algo que muitas empresas em áreas menos conservadoras podem alegar como sendo um problema. Posso sustentar essa atitude.

Comece com boas intenções

Heyming também criou e espalhou a própria cultura. Sua paixão é guiar e aconselhar principiantes desde a concepção da empresa até sua solidez financeira. Quando ele veio do sul da Califórnia para a Virgínia, sentia-se frustrado com a limitação da comunidade empresarial. No início, ele se queixou dela; então, decidiu que dependia dele criar uma rede sólida de empresários locais e capitalistas disponíveis que poderiam ajudá-lo a criar uma base próspera de clientes. Durante seu tempo livre, começou a oferecer aconselhamento gratuito ou com um bom desconto para iniciantes. Como empresário, ele sabe como novas empresas ficam vulneráveis ao tentar ganhar peso financeiro. "Uma vez que uma empresa está próspera e ativa, e tem poucos financiamentos para saldar, pode contratar um advogado/contador/consultor. Mas, quando estão apenas começando e ainda estão operando na própria casa ou na de seus pais, eles mal têm dinheiro para comprar miojo, quanto mais para contratar um consultor. É onde vejo uma oportunidade para ambos construírem o ecossistema e, por fim, ajudar a mim mesmo... Acredito firmemente que se deve agir 'direito'." Ele acrescenta: "Hoje, esse ecossistema depende da mídia social e das conexões. Os fundadores da empresa em que trabalho vivem e respiram Twitter e Skype, então eu vivo e respiro Twitter e Skype. Trabalho quando eles trabalham – mesmo que isso signifique fazer uma videoconferência pelo Skype às 23h30 para podermos falar com um membro de nossa equipe que está em Haiderabade, na Índia.

Cultura + Intenção = Boca a boca

Heyming insiste em dizer que não demora muito para passar a cobrar seus serviços das empresas principiantes, e seu investimento rapidamente é recompensado assim que elas conseguem financiamento, momento em que ele pode começar a cobrar delas como clientes regulares. A recompensa que conquistou com seu trabalho superou qualquer risco que ele pudesse correr ao despender recursos com empresas que talvez nunca decolassem. De fato, seus maiores clientes, que começaram bem pequenos, geram 90 por cento de seu trabalho, embora representem apenas 30 por cento de sua base de clientes. Alguns de seus clientes são fundos de capital de risco, e eles também reconhecem que desejam que Heyming os ajude a aumentar sua comunidade empresarial. Todo mundo sai ganhando: a Troutman Sanders, que dá plena liberdade a seus advogados para trabalhar como julgarem melhor; Heyming, que fatura fazendo o que ele ama do modo como gosta de trabalhar; os novatos, que precisam de um tempo; e os capitalistas de risco, que procuram sua próxima oportunidade de investimento.

É evidente que há novas empresas que não vão a lugar nenhum, mas Heyming não vê o tempo gasto com clientes que não vingam como mau investimento. Empresários são pessoas de ideias e em geral têm mais de uma ideia; além disso, normalmente voltam com novos projetos. No mínimo, pessoas com projetos gostam de conversar com quem também tem seus projetos, o que significa que o boca a boca entre os empresários que ele tenta ajudar em geral lhe traz novas oportunidades de negócio.

Além do boca a boca espalhado por seus clientes e ex-clientes, pagantes ou não, Heyming trabalha tuitando e postando em blogs. Ele diz que é contatado quase todas as semanas por diretores e investidores que se inspiram ou se sentem intrigados com algo que ele tenha escrito.

O que um advogado faz qualquer um pode fazer

Em suma, os detalhes da trilha de sucesso de Heyming na Economia da Gratidão não são tão diferentes dos de quaisquer outros donos de empresa de quem falamos neste livro. Ele é bem-sucedido porque não impõe limites quando depara com o desconhecido ou o inusitado; ele sabe disso intimamente. O trabalho corresponde à doação pessoal – eficiência, entretenimento, alívio, tempo livre, paz de espírito, oportunidade, conforto – a outras pessoas; ele se importa profundamente com seus clientes e reconhece que o sucesso deles é o seu sucesso. Creio que, quando Heyming descreve a advocacia ao dizer "basicamente, construímos nossa prática em torno de relacionamentos", poderia estar se referindo a qualquer ramo ou atividade, incluindo o seu.

O quadro geral

Ninguém é perfeito e vejo os modos como cada empresa que descrevi poderia adaptar e melhorar a iniciativa na mídia social. Por outro lado, sei que eu também poderia aprimorar meus próprios esforços. Manter relacionamentos e acompanhar redes sociais é um desafio, embora o que me toque em relação às pessoas que dirigem as empresas e marcas descritas neste livro seja seu entusiasmo. Elas trabalham como animais, e a economia ainda está capenga, mas, quando falam sobre seu trabalho, percebemos que veem as portas se abrirem para novas oportunidades todos os dias. É como se a mídia social tivesse conferido aos usuários uma plataforma democrática na qual todos pudessem construir não apenas a carreira, mas também sonho.

Conclusão

Não é fruto da sua imaginação: o marketing se tornou ainda mais difícil. Os mercados estão quebrando, os focos estão mudando, a atenção está reduzida e o volume de informação que as pessoas têm de absorver continua a se multiplicar.[1] O lugar onde consumimos a mídia e onde e como interagimos pessoalmente e on-line mudou de modo muito rápido, e continua a se transformar e expandir todos os dias. A única maneira de as marcas e as empresas serem capazes de se adaptar e superar esses desafios é fazendo uma campanha virtual porta a porta para ganhar a confiança de seus clientes. E isso é muito mais difícil e consome bem mais tempo do que bombardear o mercado com uma mensagem única para todos os tipos e tamanhos de propaganda. Porém, essas empresas que desejam entrar nas trincheiras da mídia social com seus clientes verão que o boca a boca faz com que cada troca pessoal produza um impacto centenas de vezes maior. Se os publi-

---

1. Quanto de informação estamos tentando absorver? Na conferência da Techonomy 2010, em Lake Tahoe, Califórnia, Eric Schmidt, CEO do Google, declarou que, a cada dois dias, as pessoas produzem tanta informação quanto do princípio da civilização até 2003, o que corresponde a aproximadamente 5 exabites.

citários seguirem os princípios da Economia da Gratidão à risca, realocarem seus recursos de marketing adequadamente e encontrarem meios não só para tirar vantagem do melhor que as mídias sociais e tradicionais podem oferecer, mas também para aproveitar as duas, terão um retorno incrível sobre qualquer investimento que façam.

Quem estiver esperando que o cenário do marketing se estabilize antes de incorporar a mídia social na estratégia comercial de sua empresa está vivendo fora da realidade. Embarcamos em um trem que segue a toda velocidade; as mudanças a que assistimos marcam apenas o começo das transformações que ainda acontecerão. A estabilidade não está sequer próxima de nós.

O que fazer? Como sempre, trata-se da velocidade. Infelizmente, o marketing se tornou mais duro em uma época em que muitos publicitários se tornaram mais moles. Nós nos habituamos a fazer pequenas corridas, não maratonas, e não treinamos para provas de resistência. Isso vale para muitos publicitários corporativos, bem como muitos empresários. Nossos bisavôs tinham essa resistência. Fosse dirigindo suas empresas, fosse trabalhando trinta anos em uma grande empresa ou indústria, estavam habituados a trabalhar arduamente com muito poucas das inovações tecnológicas com as quais hoje sequer imaginamos viver sem. Eles nunca ouviram falar de equilíbrio entre o trabalho e a vida pessoal, e não esperavam receber gratificações instantâneas. Ansiamos ter as duas, mas creio que serão um luxo dentro da Economia da Gratidão. Quem brilhará nessa era comercial serão aqueles que se dedicam unicamente ao seu trabalho (são felizes com isso) e têm paciência para realizar pequenas conquistas de cada vez. Essa nova economia oferece excelentes oportunidades para desenvolver grandes mercados, fortalecer marcas ou construir empresas duradouras, desde que se trabalhe para eles com a intensidade de um Rocky Balboa treinando para a luta contra o adversário russo durante a Guerra Fria no interior da Rússia. O único problema é você achar que será difícil fazer isso.

A Economia da Gratidão alterou radicalmente as expectativas de seus clientes, e as empresas terão de se tornar criativas e pessoais para atendê-las. Da mesma maneira que mudamos, as expectativas dos consumidores mudarão, e as iniciativas de marketing que tomamos e que hoje são recebidas com alarde serão em breve recebidas com desdém. O segredo, então, é começar a pensar lá na frente. Todas as empresas devem inovar para sobreviver. A mídia social nos dá a oportunidade de imaginar o que as pessoas querem antes mesmo que queiram. Usar a mídia social para conversar com os clientes é ter acesso ao grupo de foco mais honesto que já se sentou em uma mesa de reunião, sem gastar um centavo por suas informações. Temos de ouvir, participar da conversa, fazer perguntas e pedir retorno. Temos de nos envolver mais, ficar mais atentos e mais interessados do que nunca. Temos de nos aprimorar.

Parte desse aprimoramento implicará assegurar que você estará tecendo fortes laços com a Economia da Gratidão, com sua marca ou empresa. Então, terá de focar sua visão em aspectos de sua estratégia de marketing que até agora podem ter ficado em segundo plano.

O valor permanente de um cliente, por exemplo, se tornará uma preocupação maior. A internet deu aos clientes uma quantidade enorme de lugares para eles gastarem o seu dinheiro, bem como novas ferramentas que podem usar para espalhar sua mensagem cada vez mais longe e para mais pessoas. A mídia social permite conhecer os seus clientes o suficiente para saber o valor que terão para a sua marca a longo prazo. Criar uma conexão emocional poderosa pode ser o que falta pra convencê-los a gastar o dinheiro na sua empresa. Além disso, agora que as decisões de compra são diretamente influenciadas pelos relacionamentos dos consumidores com as pessoas com quem eles se comunicam em seus sites de redes sociais, saber quem seus consumidores conhecem e com quem conversam com frequência se tornará cada vez mais importante. Toda interação que tiver com eles terá o potencial de se espalhar pela rede deles por meio do boca a boca. Quando as empresas perceberem que precisam focar seu investimento em clientes, e não em plataformas, verão um retorno impressionante sobre esse investimento.

A mídia gratuita também se tornará cada vez mais relevante. Da mesma maneira que houve uma era de ouro do rádio, uma era de ouro da televisão, e outra para o cinema, as plataformas de mídia social nos trouxeram a era de ouro da mídia gratuita. Os consumidores estão cansados de anúncios. Um artigo inteligente, uma postagem de blog ou um comentário positivo de um consumidor – o tipo de publicação gratuita que em geral é o resultado prático de uma campanha de marketing bem-feita, que permite às plataformas de mídia social e tradicional trabalhem juntas – farão a iniciativa de marketing que se paga durar mais tempo na mente do público. A tendência é se tornar mais difícil conseguir mídia gratuita – agora que planos como as campanhas do Facebook estão aumentando em popularidade, a imprensa não se dedicará a falar sobre elas –, mas, enquanto durar, será poderoso. É certo que o melhor atrairá mais atenção, especialmente à medida que a tecnologia continuar avançando para permitir campanhas móveis e mais reais.

As marcas também deveriam fazer tudo o que estivesse ao seu alcance para ganhar antecedência. Os publicitários deveriam acompanhar o pulso cultural e manter o olho nos trens que estão entrando. Publicitários ligados não deitam nos louros daquilo que já conquistaram. As marcas e empresas que enxergam o potencial das plataformas emergentes sempre terão um ponto de vantagem em relação ao seu concorrente. As marcas que aparecerem primeiro nessas plataformas – as lançadas por ex-funcionários do Facebook ou do Google – e que começarem a construir relacionamentos com os primeiros aliados que encontrarem por ali terão seu pioneirismo recompensado.

A menos que Wall Street passe por uma milagrosa transformação e comece a recompensar as empresas por suas estratégias a longo prazo, em vez de seus resultados a curto prazo, colocar energia em maratonas incansáveis para mensurar o valor de um cliente permanente, mídias gratuitas e mercados emergentes parecerá uma batalha e até uma proposta arriscada para muitas empresas. A ironia é que, bem executadas, essas maratonas rendem dividendos em um espaço de tempo relativamente muito curto.

As empresas que voarão alto a partir de 2011 são as que descobrirão um modo de equilibrar as demandas a curto prazo de Wall Street e os investidores com demandas a longo prazo da Economia da Gratidão. Seus diretores começarão tecendo fortes fios de seu comportamento pessoal, entremeado com boas intenções, colocando-os no alto de suas empresas e permitindo que se infiltrem em cada camada de seu negócio. Aceitarão que os clientes tenham grande parte do poder e se sentirão felizes em fazer isso. Contratarão pessoas e criarão novos departamentos voltados para a construção de relacionamentos duradouros com clientes ativos e potenciais. Deixarão de confiar unicamente em canais de marketing direto tradicionais para divulgar sua mensagem e, em vez disso, permitirão que seu conteúdo seja transmitido e circule (em todas as direções) em tantas plataformas quanto for possível. Tratarão suas empresas como um prolongamento de si mesmos, oferecendo o melhor atendimento que puderem.

Pessoas muito mais inteligentes do que eu declararam que estamos vivendo a terceira revolução industrial.[2] Mas qualquer pessoa que esteja prestando atenção saberá que tenho dito a mesma coisa (do meu próprio jeito) há mais de cinco anos. A Economia da Gratidão está aqui e agora, é importante, e acredito que sua dimensão seja maior do que possamos imaginar. E estamos apenas no começo.

Este é um momento excepcional para o mundo empresarial. Eu sei o que estou dizendo sobre a Economia da Gratidão – uma vez que você já tenha provado champanhe, reconhecerá essa bebida no exato momento em que sentir seu gosto novamente. Pode levar mais algum tempo do que prevejo para toda a transformação cultural acontecer, mas daqui a dez anos minhas previsões estarão corretas. Peço que me acompanhem. Um dia, veremos os fósseis das empresas que não acreditaram no crescimento dessa economia por acharem que o esforço não valia a pena, ou porque não quiseram inovar. O dia que você aceitar a existência da Economia da Gratidão e começar a tomar as atitudes necessárias para adequar-se a ela será o dia em que assegurará que sua empresa ou marca terão um lugar no futuro.

---

2. Veja *How companies win* (*Como as empresas vencem*), de Rick Kash e David Calhoun, Harper-Business, 2010, p. 40-41.

PARTE IV

Trocando em miúdos

Mais pensamentos sobre...

Iniciar diálogos

Se sua empresa for grande como a Coca-Cola ou a SunChips, todo mundo fala dela, portanto você precisará começar falando sobre sua marca. Depois que isso tiver sido feito, poderá começar a falar sobre bebidas, refrigerantes, o verão etc. Mas, se sua marca de refrigerante não for conhecida e se ninguém falar dela, é preciso inverter a ordem – comece falando sobre bebidas em geral. Entre em qualquer bate-papo importante que encontrar, assim como eu fiz quando conversava sobre Chardonnay e Shiraz no início, muito antes de gerenciar minha empresa. Depois que as conversas estiverem encaminhadas, poderá começar a falar especificamente sobre a sua marca de refrigerante.

A diferença entre o poder do boca a boca e da propaganda

Em meados de 2010, a National Public Radio mudou oficialmente a sua denominação para NPR, para indicar a sua presença on-line e em aparelhos digitais. Em um artigo do *The Nieman Journalism Lab* sobre como a NPR está medindo o valor de seus seguidores no Twitter e quem os "curte" no Facebook, Justin Ellis diz: "Faz [...] sentido que a NPR queira monitorar suas plataformas emergentes à medida que tenta se transformar em uma empresa de mídia digital. O Facebook e o Twitter, somados, hoje representam de 7 por cento a 8 por cento dos acessos ao NPR.org, um número que dobrou no último ano". Cada vez mais pessoas acessam o site da NPR por meio de links que encontram no Twitter e no Facebook, graças ao contexto social em torno desses links, criado a partir do momento em que os consumidores escolhem receber atualizações da NPR por intermédio de seu *feed* de notícias, ou quando leem o conteúdo postado por um amigo. Você prestará atenção ou interpretará um comentário sobre uma história da NPR contada pela sua mãe ou por um colega de trabalho que admira muito melhor do que se encontrasse o artigo em uma busca no Google. Esse contexto e essa conexão social conferem ao conteúdo um peso e uma importância que não teria de nenhuma outra forma. A diferença entre como as pessoas reagem a resultados encontrados em buscas na internet ou em anúncios em banners em relação a *feeds* no Twitter ou no Facebook é a mesma entre como as pessoas respondem à propaganda e ao boca a boca. Um é um encontro casual e impessoal facilmente esquecido e o outro, uma troca significativa que vale a pena passar adiante e compartilhar com os outros.

Como o medo impede a inovação

Está se tornando cada vez mais incomum para uma grande marca inovar e criar um bom produto. A Vitamin Water não veio da Coca-Cola; a Pom não veio da Pepsi. Muitas grandes empresas empacam por conta do próprio medo e de preocupações a curto prazo, que as proíbem de correr riscos e dar asas à sua imaginação. Estão por demais envolvidas em reuniões, processos e valores das ações ou, pior que isso, na política de manter o emprego, ao passo que empresas menores são guiadas pela paixão e têm a liberdade de ousar.

Expedientes

Há muitas pessoas que têm o interesse expresso de garantir que as marcas não comecem a usar a mídia social. É possível apontar vários pontos fracos nas estatísticas da mídia social, mas você encontrará os mesmos na mídia tradicional. A verdade é que as marcas acabarão por detectar todos os consumidores on-line – não há estatística absoluta. O que aconteceria se as marcas começassem a exigir o mesmo padrão de estatística da mídia tradicional? O que aconteceria se descobrissem que poderão gastar seu dinheiro com mais eficiência e eficácia on-line do que na televisão? Há muito dinheiro de marketing e propaganda em jogo – sem contar os presentes de agradecimento, como ingressos para jogos de beisebol, shows, jantares, viagens para Cancun e caixas de Dom Pérignon –, e todos irão minimizar a influência da mídia social tanto quanto puderem para continuar com as mãos nessa grana. Além disso, esses presentes são sempre trocados entre pessoas que realmente gostam de fechar negócios juntas. Isso significa que, mesmo que outra agência fizesse uma oferta melhor, eles ainda gastariam seu dinheiro com a agência que sempre os tratou tão bem ao longo de todos esses anos. Dizer que negócios não são pessoais é uma afirmação ridícula. P.S.: você poderá começar a criar alguns desses relacionamentos no Twitter, no Tumblr e no Facebook. Quem disse que a mídia social não é B2B?

Mudar estratégias

Geralmente faço paralelos entre marketing e relacionamentos interpessoais, mas, ultimamente, não consigo acreditar que também não haja paralelos entre o modo como vendemos e anunciamos, e como guerreamos. As guerras mundiais foram feitas com ataques cerrados – grandes bombardeiros despejando bombas do céu, navios de guerra, tanques. Tudo era grande e feito para surpreender o inimigo. Então fomos para o Vietnã e não pudemos usar a mesma tática – tivemos de lutar homem a homem. Mais recentemente, no Iraque e no Afeganistão, as tropas seguiam de vilarejo em vilarejo, de tribo em tribo, tentando estabilizar as regiões mais perigosas, ao mesmo tempo que ganhavam a confiança da população. Não estou julgando o modo como lutamos essas guerras, nem acredito que as decisões que tomamos no mundo do marketing se comparem às decisões que os comandantes das Forças Armadas devem tomar a cada dia ou aos sacrifícios enfrentados pelos soldados. Acredito, no entanto, que, da mesma maneira como as nossas estratégias no campo de batalha tiveram de mudar, o mesmo aconteceu com as nossas estratégias no mundo empresarial. Houve um tempo nos negócios em que tínhamos de brigar como cachorro grande, e era necessário confiar em uma grande plataforma, como a televisão. A TV era o tanque, e o rádio, uma frota de aviões. Agora que precisamos ser locais é uma luta para algumas empresas; serem grandes não as ajudará a vencer. Arrasar o Afeganistão lançando bombas sobre o país não nos levou a lugar algum, nem gastar 44 milhões de dólares apenas em uma campanha na TV, em outdoors e em chamadas no rádio.

Defendendo a mídia social ao longo da minha vida profissional

Eu era o jovem na mesa de reunião, cercado de especialistas de vinho mais velhos que pensavam que meus blogs de vídeo eram uma piada, até mesmo uma vergonha para nossa atividade comercial. Mesmo quando se tornou claro que meus métodos estavam trazendo resultados lucrativos para a Wine Library, a empresa de bebidas da minha família, e comecei a atrair atenção da mídia ao provar os meus pontos de vista empresariais, enfrentava o constante ceticismo e a condescendência da parte deles. Eu me habituei a isso há muito tempo e gosto de enfrentar o debate. Não tenho medo de defender e discutir o valor dessa mudança emergente na internet porque dizer "Eu não disse?" tem um sabor insuperável. Agora, se eu estiver errado, merecerei ouvir "Eu não disse?", mas não me arrependerei de ter dito o que pensava. Muitas pessoas têm medo de dizer o que pensam em público ou mesmo em reuniões de diretoria. Ter uma visão diferente é importante para sua marca pessoal, por isso não tenha medo de dizer o que pensa. Nunca. Dito isso, também não se esqueça de ouvir.

Criando obstáculos

Acho triste quando alguém que me diz que deseja ter uma carreira promissora se recusa a tentar algo novo simplesmente porque as estatísticas não parecem promissoras. Compreendo que se deseje ter segurança, mas não compreendo a completa falta de curiosidade com que por vezes deparo. Toda vez que um obstáculo como esse o impede de avançar, você estará deixando de aprender por meio de uma experiência que poderá lhe servir mais tarde. Obstáculos são empecilhos que o impedirão de seguir adiante.

O ROI das emoções

O ROI de um usuário de mídia social está profundamente ligado ao sentido de comunidade desse usuário e à ligação emocional que ele associa ao produto. Você pode me oferecer uma camiseta do Jets por oitenta dólares e uma do Cowboys por um dólar, mesmo assim eu nunca compraria a do Cowboys. Minha ligação emocional com o Jets é muito forte. Uma adolescente que ame a Vitamin Water o bastante para seguir a marca no Facebook não irá se satisfazer com um cartão de presente da Snapple se a Vitamin Water a trata melhor toda vez que fala com ela na internet. Ela pode gostar e agradecer o presente, mas, no momento em que tiver algum dinheiro na mão, ela o gastará com a marca que significa alguma coisa para ela. Todos seguem o coração. A Snapple pode conseguir vender primeiro, mas a Vitamin Water detém o relacionamento, o que lhe trará uma receita muito maior a longo prazo. Aqueles que se dispuserem a ver (e há muitos publicitários que não querem ver) estarão testemunhando a humanização dos negócios; e isso produzirá o maior impacto de todos os tempos sobre o comércio.

Como as medições da Nielsen funcionam

Vamos rever como a medição de audiências funciona. Selecionando o grupo demográfico que melhor representa o país, um programa de computador encontra ao acaso residências com televisores e pede aos moradores para monitorar os programas que assistem habitualmente. Apenas 50 por cento das residências concordam em participar; então, as empresas de medição precisam tentar substituir as residências que faltam por outras que mais se aproximem da mesma região demográfica. Em 2009, havia cerca de 114.900.000 residências com televisões. Dessas, apenas 25 mil eram monitoradas. Isso significa que 99,9 por cento das residências americanas eram completamente ignoradas.[1] Isso não é novidade para o marketing, a publicidade e a comunidade que compra espaços de divulgação na mídia.

A amostragem aumenta durante os meses de novembro, fevereiro, maio e julho, quando a Nielsen pede a dois milhões de pessoas que submetam relatórios. Relatórios escritos. Enviados pelo correio. Não é necessário ser um psicólogo para imaginar por que esses relatórios não refletem com precisão os hábitos de audiência de televisão dessas pessoas. Além disso, apenas cerca de 50 por cento desses relatórios podem ser usados, porque muitos não são devolvidos ou são preenchidos incorretamente. Uma busca rápida na internet encontrará vários artigos escritos por participantes das pesquisas da Nielsen revelando, mesmo timidamente, que pensaram em forjar e alterar seus relatórios sobre hábitos televisivos (e de fato alguns o fizeram). Essas confissões foram escritas apenas por aqueles que se incomodaram em relatar sua experiência; quantos outros deixaram de relatá-la?

A Nielsen admite que haja pontos falhos em seu processo de apuração. Em 2009, a empresa divulgou um relatório que declarava que suas medições poderiam variar em 8 por cento. Por qual motivo? Os participantes não estavam usando seus Medidores Populares corretamente. Por último, não importam as correções e adaptações que façam, a Nielsen ainda precisa confiar na precisão e na honestidade dos indivíduos entre as 25 mil casas que monitora. Alguém tem de apertar o botão para identificar-se ao assistir à TV; alguém tem de se lembrar de mencionar que gastou dez minutos durante um programa de meia hora conversando com a escoteira que bateu à sua porta.

---

1. Respeito os cálculos que são feitos para se descobrir como essas pequenas amostragens podem representar grupos maiores de pessoas, mas, mesmo assim, não dá para confiar 100 por cento, dá?

Além disso, como todos sabem, os hábitos televisivos mudaram drasticamente nos últimos anos. A Nielsen divulgou um relatório em 2010 declarando que 59 por cento das pessoas assistem à televisão e navegam na internet ao mesmo tempo 35 por cento mais do que em 2009. Trinta e cinco por cento a mais em doze meses! A Nielsen assegura que possui sistemas instalados para contabilizar o aumento dos canais de TV a cabo e digital, DVRs, e o fato de estarem assistindo à TV em seus iPhones e brincando com todos os tipos de multimídia enquanto a televisão fica ligada ao fundo. Eu adoraria saber que tipo de tecnologia poderia rastrear tantas plataformas ao mesmo tempo, mas essa informação é sigilosa e confidencial para a Nielsen, e entendo por quê. Mesmo assim, se esse é o modo como a mídia social foi detectada e eu tentei vendê-la a uma sala cheia de executivos em 2011, não acha que eles tentariam encontrar os furos dentro do sistema?

É importante lembrar que a Nielsen Company não foi sempre a única a existir. Nas décadas de 1940 e 1950, a empresa concorria com outras cinco empresas de medição de audiência: Videodex, Inc.; Trendex, Inc.; American Research Bureau; C. E. Hooper, Inc.; e The Pulse, Inc. A empresa Claude E. Hooper era a pesquisadora de mercado durante a era de ouro do rádio e marcou sua presença na TV até a Nielsen comprá-la em 1950, a ponto de servir de referência para os produtores de seriados de televisão ao perguntarem: "Qual é o seu Hooper?". Mas, com a venda da Hooper, os outros desapareceram, e os anunciantes, as agências de publicidade e as empresas compradoras de espaços de divulgação na mídia apostaram suas fichas na Nielsen.

O que toca as pessoas

Riem de mim porque sou fissurado nos New York Jets. Isso é mais ridículo do que ficar nove horas em uma fila apenas para pegar o primeiro exemplar do mais novo livro da série Crepúsculo? Ou passar seis horas esperando o novo videogame Sneakers Smart Phone? Agora que as marcas são tocáveis, não há motivo para pensar que, com alguma criatividade, não possam inventar as mesmas emoções, como um time ou um evento cultural pop. A marca que emanar e criar mais emoção vence.

A Campbell's sabe que isso é verdade. Em uma reformulação completa de sua estratégia de marketing, a empresa está investindo pesado em instrumentos biométricos – medindo a umidade da pele, os batimentos cardíacos, a respiração e a postura, por exemplo – para ajudar a medir as reações emocionais e subconscientes que os consumidores têm diante de seus produtos. Essa pesquisa acarretou grandes mudanças na aparência de suas latas de sopa, as quais eles esperam que evoquem mais reações emocionais por parte dos compradores.

O jogo da empresa quebrada

O CEO da British Petroleum deixou a empresa com um bônus multimilionário. Ele estava à frente da empresa durante o pior desastre ambiental de todos os tempos e saiu dela com o bolso cheio de dinheiro. Quando o diretor à frente de uma empresa que protagoniza um desastre não está em maus lençóis, não há motivo para que ele se preocupe em salvar a sua empresa. Se o contrato de trabalho desse CEO dissesse que as ações deveriam manter determinado valor para que ele não perdesse tudo, ele teria tratado essa situação do derramamento de petróleo de um modo completamente diferente. Quando um desastre parece bom, nunca nos preocupamos ou nos apavoramos como deveríamos. Ponto-final.

Playboy Corporate America

O empresariado americano é recompensado por programas e encontros casuais, e essa é a consideração que a maioria das empresas demonstra em relação aos seus clientes. Não odeie o jogador; odeie o jogo.

Outdoors

Não há nenhuma estatística que garanta por quantas pessoas um cartaz de rua realmente esteja sendo visto. As pessoas andam tão distraídas com seus aparelhos móveis que mal olham as ruas, muito menos os cartazes. Oprah

Winfrey está certa ao dizer que os carros não deveriam receber sinais de celulares. Tenho medo de dirigir com esses motoristas à minha volta!

Adoro TV

Apenas para deixar claro: sou um fã da mídia tradicional; minha questão é com a criatividade e o preço do espaço de mídia. Vejo que todos estão anunciando nos jornais, no rádio e na televisão e não acredito que estejam sendo criativos o suficiente. E, em virtude das grandes mudanças de visualização, eu não acho que deveria pagar por essa mídia como se ainda estivéssemos em 1994, e o rádio, a TV e a imprensa escrita fossem as únicas mídias a atrair a atenção do público.

Pesquisas e fichas de clientes

Quando se pede a um cliente que preencha uma ficha de pesquisa ou deixe um comentário, já influenciamos sua resposta. No momento em que pedimos a opinião de alguém, a pessoa filtra suas respostas. Talvez tema que alguém perca o emprego por isso. Talvez queira parecer inteligente. Talvez não queira ofender o entrevistador. Talvez seja uma pessoa ruim. Mas, na mídia social, vemos as pessoas conversando ao vivo, reagindo espontaneamente e compartilhando suas opiniões. É uma mina de ouro de informações para a marca que tiver coragem de garimpá-la.

"A maioria das marcas ainda é irrelevante no Twitter"

Enquanto eu estava escrevendo este livro, a *Ad Age* publicou um artigo chamado "A maioria das marcas ainda é irrelevante no Twitter: publicitários estão tuitando, mas os usuários mal estão lendo". Talvez alguém de sua empresa tenha passado essa mensagem adiante dizendo: "Tá vendo? Eu tinha razão em dizer que não deveríamos gastar nosso tempo no Twitter", mas eu gostaria de ressaltar algumas questões em relação a esse artigo:

1. O artigo de fato explica o problema: "Enquanto publicitários da Dell, Comcast, Ford e Starbucks participam, por vezes ativamente, do Twitter, a maioria dos publicitários o usam como um serviço de minipress release. Apenas 12 por cento das mensagens dos publicitários se dirigem a usuários do Twitter, mostrando que eles ainda o utilizam como um meio de divulgação mais do que para bater papo". Então, como veem, não é que o Twitter não funcione; a maioria das marcas não está usando o Twitter adequadamente. É como dizer que um trompete está quebrado só porque as cem pessoas que o experimentaram não sabiam tocá-lo. Não é possível manter um relacionamento com alguém se não calar a boca e passar a ouvi-la. As marcas precisam perceber que elas não podem falar sozinhas. Quando não fazem outra coisa senão empurrar produtos, não há motivo para o consumidor dizer qualquer coisa. É como uma amiga que sempre fala sobre ela mesma e nunca pergunta sobre você. Ela se cansa, e você não tem interesse em manter a amizade.
2. "As marcas só conversam com 18 por cento das pessoas." Bem, de quem é a culpa?
3. O Twitter existe há quatro anos e devemos tratá-lo como uma criança de quatro anos. Dê-lhe tempo para crescer e amadurecer antes de dispensá-lo.

Começos

Quem está na chuva é para se molhar. Se quiser nadar, mergulhe.

A oportunidade que Jeff Bezos perdeu

Bezos comprou duas das poucas empresas que mais me interessaram – Zappos e Woot. O Woot.com é um site que vende um item eletrônico com desconto por dia. Quando os itens acabam, a venda é fechada e todo mundo tem de esperar até a meia-noite pelo dia seguinte, horário local, para ver qual é a novidade sensacional do mercado. Quando o Woot foi lançado, em 2004, eu disse: "Que droga! Eu deveria ter lançado isso! É demais!". Foi o site que me inspirou a expandir além da revenda de vinho. A Amazon comprou a empresa em junho de 2010, mas deveria ter comprado há três ou quatro anos. Fiquei surpreso que Bezos tenha demorado tanto tempo assim para enxergar o potencial da Woot, já que a tendência de compra restrita a um único item parecia tão óbvia. E estou decepcionado comigo mesmo por não ter lançado algo parecido. Fiz um esforço meia-boca com um site chamado Free.WineLibrary.com, mas ele não decolou. Demorei até 2009 para acertar a fórmula com Cinderella Wine. Parabéns para os fundadores do Groupon e do Living Social por sair na frente, agarrar a oportunidade e executá-la tão bem.

Pedido de desculpas

LeBron James estava contando com a capacidade de perdão do público quando decidiu que seria uma boa ideia anunciar ao vivo em transmissão nacional na televisão que estaria saindo do time de sua cidade natal, o Cleveland Cavaliers,[2] para jogar no Miami Heat. É como trair quem mais te ama! Mesmo assim, o Cleveland provavelmente o perdoará. Mas, se ele fosse esperto, teria reparado na raiva dos seus fãs, arranjado outra entrevista ao vivo na televisão e dito: "Tive meus motivos para aceitar o convite do Miami, mas, Cleveland, eu peço perdão a vocês por isso". E, se seus agentes fossem espertos, estariam no Twitter enquanto LeBron fazia seu comunicado, teriam visto a reação pública e teriam falado com ele no intervalo comercial, permitido que expressasse seu arrependimento na mesma hora por decepcionar tantas pessoas. Essa seria uma ótima notícia! Em qualquer cenário, no entanto, seu pedido de desculpas teria de ser autêntico. A verdade sempre funciona!

Contratando e demitindo

Um bom trabalho em equipe vale mais do que qualquer outra coisa. Embora raramente demita alguém, ao longo dos anos eu tive de mandar embora cinco

---

2. O Cleveland Cavaliers (também conhecido como Cavs) é um time de basquete da National Basketball Association (NBA) localizado em Cleveland, Ohio. O time foi fundado em 1970 e começou a jogar na NBA no mesmo ano, em uma expansão da liga. (N.T.)

dos funcionários mais talentosos que já tive na Wine Library, porque não agiam de maneira adequada com seus colegas. Isso é culturalmente inaceitável dentro da minha empresa.

Liderança e cultura

Bill Parcells é o melhor treinador de futebol americano de todos os tempos. Dane-se Phil Jackson[3] – eu poderia ter ganhado alguns campeonatos com Jordan, Shaq e Kobe no meu time. Parcells é o maior treinador da história, porque ele assumiu o comando do New York Giants, que estava por baixo, e ganhou dois Super Bowls; foi para o New York Jets, que havia ganhado quatro jogos em dois anos, e nos dois anos seguintes colocou-o a um jogo do Super Bowl; foi para o Patriots, que estava em 15º lugar, e o levou ao Super Bowl; foi para o Dallas e o transformou em finalista; depois foi para o Miami, onde orquestrou a maior virada em uma mesma temporada na história da NFL.[4] Ele vence trabalhando o moral do time, contratando os jogadores certos e motivando a atitude certa. Ele lhes empresta o próprio modo de ser. Neste novo mundo, onde as pessoas podem se comunicar mais livremente não apenas com seus clientes, mas também com seus funcionários, o estilo de liderança de Bill Parcells se tornará cada vez mais necessário.

Talento

As empresas que resistem a entrar na Economia da Gratidão vão ver seus talentos irem embora. Aqueles que sabem para onde a cultura está caminhando, mas não recebem apoio onde trabalham, terão de sair de suas empresas para procurar novos campos de atuação. Nas sociedades

---

3. Philip Douglas Jackson, conhecido como Phil Jackson (Deer Lodge, 17/09/1945), é um ex-jogador de basquete americano que ficou mundialmente famoso como treinador de basquete. Ganhou a fama de um dos melhores técnicos durante o período de 1989 a 1998, período em que trabalhou com o Chicago Bulls, que contava, na época, com astros como Michael Jordan, Scottie Pippen e Denis Rodman. Como técnico dessa última equipe conquistou nada menos que seis campeonatos (1991, 1992, 1993, 1996, 1997 e 1998). (N.T.)
4. National Football League (Liga Nacional de Futebol Americano). (N.T.)

comunistas, o povo resiste o quanto pode. Eles são oprimidos, lutam contra o sistema e, assim que podem, vão embora.

Um dia essas empresas perceberão que terão de embarcar. Procurarão os líderes para fazer o serviço entre seus funcionários e descobrirão que aqueles de que precisam foram embora frustrados pouco tempo antes. Valorizaram o seu potencial tarde demais.

Comunismo nas empresas americanas

A economia e a nossa cultura estão visceralmente ligadas, a ponto de, a meu ver, serem a mesma coisa. Se compreender a cultura em que vivemos hoje, saberá que não há nada que um funcionário diga que possa prejudicar a sua empresa de maneira irreparável, especialmente se agir com rapidez. É isso o que o capitalismo entende e o comunismo não.

O e-mail de Tony Hsieh a seus funcionários

Quando a Amazon comprou a Zappos, até o modo como a aquisição foi anunciada foi culturalmente significativo. Tony Hsieh, CEO da Zappos, escreveu um e-mail totalmente pessoal aos seus funcionários explicando os detalhes da transação, o que isso significava para a empresa e como afetaria o emprego deles:

Data: Quarta-feira, 22 de julho de 2009
De: Tony Hsieh (CEO – Zappos.com)
Para: Todos os funcionários da Zappos
Assunto: Zappos e Amazon

> *Por favor, reserve vinte minutos para ler este e-mail integralmente e com atenção. (Minhas desculpas por alguns termos formais, pois algumas partes foram escritas desse modo por motivos jurídicos.)*
>
> *Hoje é um grande dia para a Zappos.*
>
> *De manhã, nossa diretoria aprovou e assinamos o que chamamos "acordo*

definitivo", em que todos os acionistas e investidores da Zappos (são mais de cem) trocarão suas ações da Zappos por ações da Amazon. Depois que a troca tiver sido feita, a Amazon se tornará a única acionista da Zappos.

Nos próximos dias, provavelmente vocês verão manchetes que dirão "Amazon compra a Zappos" ou "Zappos é vendida para Amazon". Embora essas manchetes sejam tecnicamente corretas, não refletem propriamente o espírito da transação. (Eu preferiria dizer "Zappos e Amazon juntam suas escovas...")

Planejamos continuar a dirigir a Zappos do modo que sempre dirigimos – continuando a fazer o que acreditamos ser o melhor para a nossa marca, cultura e empresa. Do ponto de vista prático, será como trocar nossos acionistas e diretores por novos, embora a estrutura legal seja tecnicamente diferente.

Acreditamos que agora seja o momento de unir forças com a Amazon, porque é uma grande oportunidade de aumentar nossas forças e nos aproximarmos ainda mais rapidamente do objetivo que há tanto ansiamos. Para a Zappos, nossa visão continua a mesma: deixar nossos clientes, funcionários e representantes comerciais felizes. Apenas queremos chegar lá mais rápido.

Estamos empolgados em fazer isso por três motivos importantes:

1) Acreditamos que haja uma enorme oportunidade de realmente acelerarmos o crescimento da marca e da filosofia da Zappos, e achamos que a Amazon seja o melhor sócio para nos ajudar a apertar o passo.

2) A Amazon nos apoia em continuar crescendo como uma entidade independente, sob a marca Zappos e com nossa cultura pessoal.

3) Queremos nos alinhar com um acionista e sócio que realmente pense a longo prazo (como fazemos na Zappos), bem como fazer o melhor possível no que diz respeito ao interesse de nossos acionistas e investidores.

Detalharei a seguir cada um dos pontos mencionados anteriormente, mas, antes, deixe-me responder às três maiores perguntas que sei devem estar se fazendo:

TRÊS MAIORES QUESTÕES:

Q: Eu continuarei no emprego?

Como dito antes, planejamos continuar a dirigir a Zappos como uma empresa independente. Em terminologia jurídica, a Zappos será uma "subsidiária exclusiva" da Amazon. O seu emprego está tão garantido quanto um mês atrás.

Q: A cultura da Zappos vai mudar?

Nossa cultura na Zappos é especial e está sempre mudando e evoluindo, porque um dos nossos valores básicos é Aceitar e Conduzir a Mudança. O que acontece a nossa cultura depende de nós, e isso sempre foi verdade. Como antes, controlamos o nosso destino e como nossa cultura evolui.

Em grande parte, o que motivou a Amazon a se interessar por nós foi o valor de nossa cultura, de nosso pessoal e de nossa marca. Eles querem que continuemos a crescer e a desenvolver nossa cultura (e talvez passá-la um pouquinho para eles).

Eles não esperam entrar e dirigir a Zappos a não ser que solicitemos a eles que o façam. Dito isso, eles têm muita experiência e conhecimento em várias áreas, então estamos felizes com a oportunidade de aprender um pouco com eles e compartilhar seus recursos, especialmente quanto à tecnologia. Trata-se de tornar a marca, a cultura da Zappos e a empresa ainda mais fortes do que são hoje.

Q: Tony, Alfred ou Fred serão demitidos?

Não, não pretendemos partir. Acreditamos estar apenas no começo e nos sentimos entusiasmados com o futuro e com o que poderemos conseguir para a Zappos com a parceria da Amazon. O que nos motivou a nos associarmos a eles foi querer acelerar e fazer mais do que já fazíamos.

Há mais uma seção de perguntas no final deste e-mail, mas eu queria eliminar essas três grandes questões primeiro. Agora que já respondemos a essas questões, quero compartilhar com mais detalhes o que pensamos nos bastidores e que nos levou a tomar esta decisão.

Primeiro, quero me desculpar pela intempestividade deste comunicado. Como sabem, um dos nossos valores básicos é Construir Relacionamentos com Comunicação Franca e Honesta, e, se eu pudesse ter feito do meu jeito, teria contado antes que estávamos em negociações com a Amazon, para que todos os funcionários pudessem se envolver no processo de decisão pelo qual tivemos de passar. Infelizmente, por ser a Amazon uma empresa pública, há leis de sigilo que nos impediram de mencionar o fato para a maioria dos nossos funcionários até a data de hoje.

Somos parceiros da Amazon há muitos anos, por demonstrarem interesse na Zappos e sempre mostrarem um grande respeito pela nossa marca.

Há alguns meses, eles nos procuraram e disseram que queriam unir esforços, para que pudéssemos acelerar o crescimento da nossa empresa, marca e cultura. Quando nos disseram que queriam que continuássemos a construir a marca Zappos (em vez de passarmos a fazer parte da Amazon), decidimos que valeria a pena descobrir que tipo de sociedade eles gostariam de formar.

Vimos que eles realmente queriam que continuássemos a construir a marca e a cultura da Zappos de modo pessoal. (Creio que "pessoal" seja o modo de eles dizerem "divertido e um pouco estranho".)

Nos últimos meses, ao nos conhecermos melhor, ambos os lados ficaram cada vez mais empolgados com as possibilidades de unir esforços. Descobrimos que ambas as empresas eram totalmente focadas nos clientes – apenas focamos em formas diferentes de agradar o cliente.

A Amazon foca em preços baixos, ampla seleção e conveniência para satisfazer seus clientes, ao passo que a Zappos faz isso criando relacionamentos, ligações emocionais pessoais e prestando um serviço de atendimento ao consumidor de alto nível ("UAU").

Nós percebemos que os recursos, a tecnologia e a experiência operacional da Amazon tinham o potencial de acelerar enormemente o nosso crescimento de modo a fazer crescer a marca e a cultura da Zappos ainda mais rapidamente. Por outro lado, ao longo do processo, a Amazon percebeu que a nossa cultura é a plataforma que nos possibilita atender bem os nossos clientes. Jeff Bezos (CEO da Amazon) deixou claro que ele respeitava a nossa cultura e que a Amazon a protegeria.

Perguntamos aos membros da diretoria o que eles achavam da oportunidade. Michael Moritz, que representa a Sequoia Capital (um de nossos investidores e diretor), escreveu o seguinte: "Agora vocês têm a oportunidade de acelerar o progresso da Zappos e de transformar o nome, a marca e tudo o que estiver associado a ela em um elemento permanente e duradouro na vida das pessoas... Agora vocês estão livres para deixar a imaginação voar – e vislumbrar iniciativas e tomar providências que hoje, em nosso ambiente mais limitado, não poderíamos assumir".

Um dos melhores aspectos da Amazon é pensar a longo prazo, da mesma maneira como fazemos na Zappos. Ter a mesma visão a longo prazo é algo muito difícil de encontrar em um sócio ou investidor e nos sentimos tocados pela sorte e muito entusiasmados ao ver que a Amazon e a Zappos compartilhavam a mesma filosofia.

Dito isso, não foi uma decisão fácil de tomar. Nos últimos meses, tivemos de pesar os prós e os contras junto com todos os riscos e benefícios potenciais. No final do dia, percebemos que, ao ver que isso estaria sendo feito no melhor interesse de nossos acionistas, restaram apenas duas perguntas a ser respondidas:

Acreditamos que isso acelerará o crescimento da marca Zappos e nos ajudará a cumprir nossa missão de satisfazer nossos clientes mais rapidamente?

Acreditamos que nos manteremos no controle do nosso destino, de modo a continuar a desenvolver nossa filosofia única e pessoal?

Depois de passar muito tempo com a Amazon, conhecendo-os melhor e compreendendo a intenção deles, chegamos à conclusão de que as respostas para essas duas perguntas eram SIM e SIM.

A marca Zappos continuará separada da marca Amazon. Embora passemos a ter acesso a muitos dos recursos da Amazon, precisamos continuar a construir nossa marca e cultura do mesmo modo como sempre fizemos. Nossa missão permanece a mesma: satisfazer todos os acionistas, incluindo funcionários, clientes e representantes comerciais. (Como observação, planejamos continuar a manter os relacionamentos que temos com nossos representantes pessoalmente, e a Amazon continuará a manter os relacionamentos que eles têm com os representantes dela.)

Realizaremos uma assembleia geral em breve para rever todos esses pontos com mais detalhes. Por favor, escrevam-me quaisquer perguntas que tenham, de modo que possamos responder ao maior número possível durante a assembleia geral ou por e-mail.

Assinamos o que chamamos de "acordo definitivo" hoje, mas ainda teremos de passar por um processo de aprovação governamental, portanto, prevemos que essa negociação não estará fechada senão nos próximos meses. A SEC legalmente exige que mantenhamos "sigilo", portanto, se clientes, representantes ou a mídia lhes fizerem quaisquer perguntas relativas à negociação, por favor, informem-lhes que estamos em um período de sigilo obrigatório por lei e peçam-lhes que escrevam para tree@zappos.com, um endereço de e-mail especial que Alfred e eu responderemos pessoalmente.

Alfred e eu gostaríamos de agradecer ao grupo que compõe a nossa equipe jurídica e financeira e de consultores da Morgan Stanley, Fenwick & West e da PricewaterhouseCoopers, que têm se dedicado 24 horas por dia nos bastidores nos últimos meses para tornar tudo isso possível.

Antes de chegar à seção de perguntas, também gostaria de agradecer a todos que se dispuseram a ler este longo e-mail e que nos ajudaram a chegar onde estamos hoje.

Hoje é de fato um dia muito emotivo para mim. O sentimento é o mesmo do dia da minha formatura na faculdade: emoção com relação ao futuro misturada às doces lembranças do passado. Os últimos dez anos foram sensacionais e estou entusiasmado com o que conquistaremos juntos nos próximos dez anos continuando a crescer com a Zappos!

Tony Hsieh
CEO – Zappos.com

Compare esse e-mail com aqueles cheios de jargões difíceis que a maioria dos CEOs envia quando precisa fazer comunicados importantes à empresa. Eles parecem ter sido escritos pelo computador HAL, direto de *2001: uma odisseia no espaço*, por toda autenticidade, personalidade, compaixão e preocupação que demonstram. Poucos funcionários sentem-se seguros depois de receber um desses, embora eu imagine que a maioria da equipe da Zappos que leu o e-mail de Hsieh acreditou que as decisões tomadas em nome da empresa foram bem-intencionadas. E as boas intenções, como já dissemos, vão muito longe.

Como a inovação alimenta a cultura

Nunca se perde por inovar. Mesmo que sua campanha não resulte nas vendas da maneira como esperava, a cultura da empresa se beneficiará com a sua tentativa. O talento segue outro talento, por isso, qualquer equipe criativa que veja que você tentou inovar lembrará de você quando precisar de alguém com esse perfil.

Escolher um administrador de comunidade

Coloque o melhor pessoal como responsável pela mídia social e não quem estiver sobrando. As equipes não escolhem alguém fora de forma quando querem ganhar; você deve escolher alguém que esteja à altura de uma missão que exige inteligência, empatia e flexibilidade.

Pingue-pongue viral

Todos gostam de surpresas. Quando alguém conhecido por suas aparições na televisão ou no cinema surge no Diggnation, um videoblog bastante popular, ou começa a tuitar algo que faça sentido, passa a ser notado; é como chamar a atenção de alguém que sempre quis conhecê-lo melhor. Pode funcionar ao contrário também.

Se a Hallmark fizer um comercial para televisão para o Dia das Mães e colocar no ar várias personalidades da internet famosas com suas mães, como Kevin Rose, Justine e Tony Hsieh – ou se fizer um anúncio impresso –, tenho certeza de que a propaganda se espalhará por toda parte. Ver essas personalidades na televisão ou na mídia impressa pegaria o público de surpresa. Haveria muito a ser ganho se as marcas tirassem vantagem da relação que existe entre a mídia social e a tradicional.

O jogo entre a mídia social e a mídia tradicional

Há ainda a ideia de que a mídia tradicional funciona – porque as pessoas a veem – e a mídia social não. O que muita gente não percebe é o quanto a mídia tradicional é vista graças à mídia social. O Grammy de 2010 teve um aumento de 35 por cento de audiência em relação ao de 2009 e foi o mais assistido desde 2004. O crédito pode ser dado aos astros e às estrelas que estiveram presentes, ou a um aumento dos fãs de música *country*, ou a diversas promoções, mas tenho certeza de que a mídia social também teve algo a ver com isso. Quando Pink começou a girar, molhada e quase nua, ao modo do Cirque du Soleil enquanto cantava "Glitter in the Sky", o Twitter bombou, fazendo todo mundo pensar que talvez também devesse assistir.

@KatoriHall
Katori Hall

Pink no Grammy:
simplesmente FENOMENAL!!!
Isso sim é uma artista!

31 de janeiro via TweetDeck ☆ Favorito ↱ Retuitar ↳ Responder

@courtney_chow
Courtney Chow

Drake... A Pink é mais que maravilhosa!
<3 #grammys

1.º de fevereiro via web ☆ Favorito ↱ Retuitar ↳ Responder

Pessoas que não planejavam assistir à entrega de prêmios do Grammy viram que seus amigos estavam assistindo ao programa e constataram que havia algo legal acontecendo ali, e se ligaram. Nós costumávamos fazer isso. Quando víamos algo bacana na televisão, ligávamos para um amigo para perguntar se ele também tinha assistido. Se fôssemos superavançados, tínhamos mais de uma linha e poderíamos falar com dois amigos ao mesmo tempo! Mas o que faríamos em seguida – desligar o telefone e ligar para outro amigo, e depois outro? Claro que não! Com apenas um clique agora podemos dizer a todos que conhecemos que liguem a televisão e não percam um show sensacional.

Tática

A intenção fará sua tática funcionar melhor. Sua tática retuitada funcionará muito bem se der bastante atenção por um ano antes de colocá-la em prática, e é até melhor se o que fizer não for uma tática, mas apenas o seu jeito de fazer as coisas. É como sempre ter tratado bem uma pessoa e ter de pedir um favor a ela... Sua tendência a ajudá-lo será muito maior se você tiver sido um bom amigo ou vizinho do que se a tiver ignorado o tempo todo.

Eu também lanço mão de táticas, mas meus relacionamentos as superam em número. As táticas são a sobremesa que você degusta depois de cada refeição.

Mídia gratuita

Na primavera de 2010, a Vaynermedia promoveu uma campanha entre o New Jersey Nets e o site Gowalla. O objetivo era chamar atenção para a marca e trazer mais fãs para os jogos. Os Nets deixaram 250 pares de ingressos virtuais em bares e ginásios de esportes, próximos ao estádio do Nets em Nova York e Nova Jersey; quem entrasse no Gowalla poderia pegar os ingressos e resgatá-los para o jogo da final da temporada. Produtos virtuais que poderiam ser trocados por produtos reais do time também seriam dados às pessoas que fossem ao jogo.

Especialistas disseram que a campanha do Gowalla foi um fracasso porque apenas 15,2 por cento dos vencedores do Gowalla foram ao jogo, mas eles estavam errados. Antes de mais nada, sabíamos que haveria desafios para fazer com que as pessoas fossem assistir ao jogo: os Nets haviam tido uma péssima temporada, o jogo seria em uma segunda-feira à noite e o estádio é de difícil acesso por meio de transporte público, o único modo como muitos nova-iorquinos vão a qualquer parte. Diante desses obstáculos, 15,2 por cento não foi uma porcentagem tão ruim. Em segundo lugar, o que os críticos não perceberam é que, ao escrever sobre a campanha, mesmo que apenas para falar mal, prolongaram o assunto, que conseguiu atenção do canal ESPN e dos bloggers. Por último, aqueles que foram se divertiram e fizeram com que a campanha fosse um sucesso. Os números podem ser baixos, mas muitos tuitaram e enviaram fotos do evento por toda a noite e continuaram a falar do assunto por muitos dias depois do jogo.

Alguns sugeriram que o Gowalla tivesse ganhado algo com a campanha, mas não os Nets. Os Nets gostaram da experiência e, além disso, agora poderiam dizer que são uma marca que quer ultrapassar limites de modo criativo. Apenas quem não entende nada de negócios olharia para essa campanha e a consideraria uma perda de tempo. Pessoas criativas e que pensam lá na frente viram a iniciativa e pensaram: "Eis uma marca com a qual eu gostaria de trabalhar". Gente que pensa só em números perde a parte mais interessante da história. No final, o Gowalla e os Nets conseguiram exatamente o que queriam com a sua campanha.

Reclamações

Algumas pessoas reconhecem que, nestes primeiros passos da mídia social, reclamações resultam em atenção. Pode ser frustrante interagir com quem reclama, especialmente quando se suspeita que só querem chamar a atenção, ganhar produtos ou apenas ouvir a si mesmos, mas é preciso arriscar. Não dá para ignorar essas pessoas. É preciso dar atenção a elas, mesmo assim. Dito isso, decida por si mesmo quando deverá virar a página.

Os maiores erros que as empresas cometem com a mídia social

1. Usar táticas em vez de estratégia.
2. Usar a mídia social apenas para apagar incêndio.
3. Usá-la para se gabar.
4. Usá-la como *press release*.

5. Apenas retuitar o material de outras pessoas em vez de criar o próprio conteúdo.
6. Usá-la para empurrar produtos.
7. Esperar resultados imediatos.

Quem se importa com seu legado deve levar a Economia da Gratidão a sério

Sr. Warren Buffett, se quiser que tudo o que construiu dure depois que tiver partido, certifique-se de que suas empresas introduzam a Economia da Gratidão em sua prática empresarial. Na verdade, qualquer investidor faria bem em acatar o mesmo conselho. Se você herdou uma empresa da família e quer que ela dure muitas gerações, é necessário que comece a mudar e introduza a cultura da Economia da Gratidao a partir do topo.

Comece pequeno

O Facebook não é a única plataforma de mídia social importante, mas muitos acreditam que devem se limitar a pescar no oceano e ignorar os lagos. Estes são ricos em fontes de receita. Antes de lançar a Vaynermedia, AJ e eu íamos começar um site de esportes de fantasia. Se tivéssemos escolhido esse caminho, provavelmente teríamos gastado muito dinheiro em anúncios no Facebook, mas também teríamos gastado inúmeras horas conversando nos cinquenta blogs e fóruns mais importantes de esportes de fantasia. Eles não teriam tanto público quanto no Facebook, mas esse público seria potencialmente engajado. É hora de as empresas investirem nos lagos um pouco do dinheiro que despejam nos oceanos.

Por que as grandes empresas focam nas grandes plataformas

Nesse momento há, nas grandes empresas, quatro ou talvez seis pessoas tomando decisões com um orçamento de quarenta milhões de dólares. Elas gastam o dinheiro com agências de publicidade, contratando consultores, pagando terceiros para virem e executarem as suas campanhas. Claro que elas têm de focar nas grandes plataformas – precisam de um grande retorno para justificar todo o dinheiro que estão gastando. Então, o que ouvimos nessas reuniões é: "Vamos entrar nessa plataforma antes de entrar na próxima".

Será necessário muito mais gente. Não é possível ter apenas uma pessoa pilotando o avião para jogar sessenta bombas. Será preciso muita gente em solo fazendo o corpo a corpo. As empresas precisam parar de contratar gente de fora para fazer tudo e começar a construir equipes internas em torno dessas novas plataformas.

Por que as pessoas respondem à mídia social

Não estou dizendo que os diretores de empresa não sabem como dirigi-las; estou dizendo que poderão fazer um trabalho ainda melhor. No final, as mudanças de marketing que lhes dão uma pequena margem de vantagem hoje serão os pré-requisitos do seu sucesso. Ligamo-nos em nível humano, e os consumidores esperarão esse tipo de ligação quando tratarem com sua empresa. Muitos pacientes que estiveram em hospital reclamarão que não viram seu médico por vários dias, e, quando finalmente ele apareceu, comportou-se de maneira acadêmica e insensível, e analisou o paciente como um caso clínico, e não como um ser humano com sentimentos. As enfermeiras normalmente fazem com que os pacientes se sintam melhor quando estão no hospital. Quando recebem alta, eles se sentem eternamente gratos ao médico ou ao cirurgião que salvou a vida deles ou os fez se sentirem melhores, mas muitas vezes guardam afeição e gratidão pelas enfermeiras que lhes trouxeram mais travesseiros e gastaram tempo para explicar algo, e que mudaram seus plantões para estar presentes quando os pacientes retornassem da cirurgia. Quando essas pessoas falarem de sua experiência, recomendarão o médico, mas elogiarão sem parar a enfermeira do hospital e a atenção que receberam. Precisaram do médico por sua especialidade, mas amaram a enfermeira por sua compaixão e pelos cuidados. As marcas que vencem na Economia da Gratidão descobrirão como fazer as duas coisas – o que os consumidores precisam *e* o que eles querem.

PARTE V

Como vencer na Economia da Gratidão – versão rápida

- Atenção – com seus clientes, funcionários e marca – com tudo o que é seu.
- Ultrapasse os limites – não tenha medo do novo ou do desconhecido.
- Mostre a cara ao mercado em primeiro lugar, sempre que possível, ou o mais cedo que puder.
- Introduza uma cultura de atenção em sua empresa da seguinte maneira:
  - Tenha autoconsciência.
  - Comprometa-se mentalmente a mudar.
  - Estabeleça o tom por meio de palavras e ações.
  - Invista em seus funcionários.
  - Contrate pessoas compatíveis com seu modo de pensar ou identifique-as entre seus funcionários.
  - Seja autêntico – on-line ou off-line –; diga o que sente e sinta o que diz.
  - Encoraje sua equipe a ser direta, criativa e generosa.
- Lembre-se de que por trás de toda operação B2B há um C.
- Fale a mesma língua do seu cliente.
- Permita que seus clientes o ajudem a moldar sua marca ou empresa, mas nunca permita que ditem a direção que você deve seguir.
- Faça com que a mídia social e tradicional dialoguem, e prolongue as conversas.
- Dirija todas as suas iniciativas de marketing de maneira emocional e criativa.
- Tome as iniciativas na mídia social com boas intenções, procurando fazer contatos de qualidade, e não de quantidade.
- Surpreenda seus clientes para fazê-los falar.
- Se precisar usar alguma tática, use uma tática de atração, que faça o consumidor se lembrar por que deve se importar com sua marca.
- Se for pequeno, aja como se fosse grande; se for grande, aja como se fosse pequeno.
- Crie um sentido de comunidade em torno de sua marca ou empresa.
- Não tenha medo de engatinhar antes de andar.

PSIU!!!

Ei!
Muito obrigado por ler este livro.
Aqui está meu endereço de e-mail: gary@vaynermedia.com.
Diga-me em que posso ajudá-lo.

Este livro foi composto
em Minion para a Leya em
agosto de 2011.